为了师生生命的幸福绽放

御桥小学的教育变革之道

张莉 ▪ 著

上海三联书店

目　录

引　言　走向关涉人生幸福的学校教育变革 / 1

一、教育与幸福——触及教育本源的重要命题 / 2

二、审视与批判——传统学校教育的幸福失却 / 8

三、反思与重构——指向师生幸福的教育变革 / 14

【本章启示】教育要"目中有人""心中有谱" / 22

第一章　学校管理——共创每个孩子的幸福童年 / 24

第一节　以共同价值激发主体责任意识 / 24

一、学校共同价值的界定 / 26

二、学校共同价值的达成 / 29

第二节　以文化建设凝聚变革精神力量 / 34

一、环境文化：以形象示人 / 37

二、班级文化：以内涵迷人 / 39

三、办公文化：以志趣激人 / 40

四、制度文化：以规范引人 / 41

第三节　以科学规划引领学校内涵发展 / 51

一、学校发展规划的内涵与价值 / 51

二、学校发展规划的制定与达成 / 55

【本章启示】从"教育工作者"到"教育创业者" / 61

第二章　人才培养——架设每个孩子的成长阶梯 / 63

第一节　弘扬学校教育的学生立场 / 64

一、如何理解学校教育的学生立场 / 64

二、如何实现学校教育的学生立场 / 67

第二节　推动育人方式的整体优化 / 70

一、奏响立德树人的成长主旋律 / 73

二、搭建丰富经历的成长大平台 / 75

三、实施广泛合作的成长大体验 / 78

第三节　关注良好品德的系统养成 / 87

一、加强队伍建设，提升育德能力 / 88

二、建设温馨教室，共创幸福童年 / 90

三、开展主题教育，培育践行核心价值观 / 92

四、落实行规训练，培养自主发展能力 / 95

五、开发德育课程，夯实道德教育基础 / 97

【本章启示】好孩子不是得第一名，而是被唤醒内心的种子 / 108

第三章　课程建设——倾听核心素养落地的声音 / 110

第一节　正视核心素养的教育价值 / 111

一、核心素养的基本内涵 / 112

二、核心素养的多元价值 / 113

三、核心素养的变革需求 / 115

第二节　指向核心素养的课程变革 / 118

一、"六彩魔方"的课程体系 / 118

二、多元开放的课程实施 / 126

三、指向发展的课程评价 / 131

四、架构系统的课程保障 / 136

五、凸显探究的课程特色 / 137

【本章启示】加深课程的影响力 / 140

第四章 教学变革——基于标准的行动改进 / 142

第一节 "基于标准教学"的理性认识 / 143

一、"基于标准的教学"是什么 / 144

二、"基于标准的教学"为什么 / 149

三、"基于标准的教学"怎么办 / 151

第二节 "基于标准教学"的变革行动 / 155

一、优化课堂教学常规管理 / 156

二、推动课堂教学"四个重建" / 158

三、实现课堂教学"四个开放" / 166

四、开展基于标准的系列探索 / 169

【本章启示】在创造中追寻教育的魅力 / 187

第五章 师资队伍——定位每个教师的成长坐标 / 188

第一节 专业成长：教师一生的使命追求 / 189

一、教师专业发展的内涵阐释 / 190

二、教师专业发展的核心价值 / 193

三、教师专业发展的理念革新 / 196

第二节 团队合作：教师发展的校本设计 / 200

一、形成团队合作的理性认识 / 201

二、实施教师成长的整体规划 / 204

三、强化教师发展的三种意识 / 207

四、建构团队合作的三大载体 / 210

五、设计集体成长的四种路径 / 214

六、满足教师需求的分层培养 / 221

【本章启示】发挥教师发展"抱团取暖"的集体威力 / 223

第六章　家校共育——凝聚学生成长的合作力量 / 224

第一节　家校共育的时代必然性 / 227

一、有利于家庭教育功能的增强 / 228

二、有利于现代学校制度的建立 / 228

三、有利于相关参与者的共同成长 / 229

四、有利于社会和谐和生活幸福 / 230

第二节　家校共育的学校可能性 / 231

一、统筹规划,有效保障 / 232

二、家校合作,共促成长 / 236

三、服务承诺,成效显著 / 240

四、家长督导,形成特色 / 245

【本章启示】让每一个家长都成为学校教育的合伙人 / 251

结语：在学校变革与发展中成就校长价值 / 252

参考文献 / 256

引言 走向关涉人生幸福的学校教育变革

任何形式的学校教育变革,都离不开价值的追问,都必然体现出与之相应的价值取向。教育价值取向是教育主体在教育活动中根据自身需求进行教育选择时所表现出来的一种价值倾向性。教育价值取向是教育改革的灵魂,对教育发展起着定向的作用,不仅有助于形成教育变革的指导性思想,更有助于约束和规范教育变革的具体行为。

在中国基础教育的变革中,对于价值取向的追问起始于华东师范大学叶澜教授,她在 1989 年发表了《试论当代中国教育价值取向之偏差》一文,文中详解了自中华人民共和国成立以来40 年教育实践中的价值取向变迁过程,揭示了教育价值取向的实质,分析了当代中国教育价值取向发生偏差的认识论根源,指出了在存有偏差的教育价值取向指导下的教育实践的严重后果。[①] 该文第一次对当代中国教育的价值取向作出了分析和批判,标志着教育理论对中国教育实践中的价值取向的学术自觉。[②] 自此,学术领域开始对教育价值取向给予浓郁的研究兴趣,提出了主题各异的研究观点,但是总体而言,追求教育过程之中"人的解放"成为教育的核心价值取向,特别是随着以人为

---

① 叶澜. 试论当代中国教育价值取向之偏差[J]. 教育研究,1989(8).
② 薛忠祥. 20 年来我国教育价值取向研究述评[J]. 教育科学研究,2009(11).

本理念的提出以及基础教育新课程改革的深入,"人是教育的出发点,人是教育最直接、最基本的着眼点;同时,培养人也是教育的最高目标"等价值判断成为教育领域的共识,同时教育变革深入到学校教育层面,建立一种以学校教育自我为基础的价值取向的选择机制,进而系统推动以人为基础、以"生命关怀"为导向的学校教学、管理的系统变革。

随着这一变革进程的加剧,人们越来越发现,对于幸福的追寻应该是教育永恒的主题与追求,特别是随着经济全球化发展过程中教育领域一系列负面问题的不断呈现,社会各界开始系统反思教育之中幸福的失却与挽回,走向关涉人生幸福的学校教育变革成为基础教育领域各学校改革与发展的主流价值。

一、教育与幸福——触及教育本源的重要命题

教育是培养人的活动,其出发点和归宿都是直接指向人的,因而对人的幸福负有不可推卸的使命和不可替代的责任。本真意义上的教育,就是要培养人的生活能力、幸福能力,同时,教育的过程本身就应该是幸福的。而当今的教育已经开始偏离它的轨道,学校之中的幸福正在不断地失落,存在着大量背离幸福的教育现象,[①]在这样的背景下,重新思考教育与幸福的内在联系,厘清教育关涉人的幸福的可能性与可行性,进而推动教育领域幸福的重塑和回归,这是任何学校在变革发展的过程中都应该认真思考的重要命题。

作为一名教育工作者和学校管理者,我对教育与幸福关系的思考一直伴随着我的教育生涯,在这期间,一篇网文又在无形

---

① 侯怀银,余海军.教育与幸福的关系亟待重视的教育研究领域[J].教育理论与实践,2008(12).

之中加剧了我的思考与探索：

每天从窗户向下观望，东方还是蒙蒙亮的时候，早有幼儿园、小学、中学的读书郎在楼下的街边"整装列队"等候校车，尤其是幼儿园的小朋友和小学低年级的同学列的最好，他们一个挨着一个，后面的小朋友抓着前面同学背在背后的书包，一个接一个，就像抗洪挡水的勇士，纹丝不动，大概他们是历经了"专业"训练的培养。这些都是纪律性高，意志力强的一群，在冬天寒风阵阵袭来的街道边，他们耐心而又坚定地等待着校车那温暖的车厢的到来。

看看钟表，也只不过清晨 6 点刚过，我不知道最早到达候车地点的小朋友到底是在什么时候，只是推测，除了加深夜班的人们，他们应该算得上中国境内每天起得最早的人群了。小小的孩子，起的那么早，为的就是读书，我们读书就只有这种方式？难道只有这种模式——早点到学堂多背点知识，才能培养优秀的人才？素质教育的口号早已喊得通天响亮，然而，这种冬天大清早使孩子们在街道边排长队、刮冷风也是一种素质教育——"磨炼坚强的意志"吗？

减轻学生负担的话题也是一提再提一说再说，仿佛我们就时时刻刻在关心着学生的健康成长。他们还是处于幼嫩的成长时期呀，背后压着一个大书包，哆嗦着在街边等待早早去学堂，这种学习会快乐吗？请问：我们的中学生、小学生们，你们感到了学习生活的幸福了吗？

前不久，压制九年义务教育补课现象的风声紧锣密鼓的铺开，周末不给补课？那好，我早上提早，傍晚推晚，拉长每天的日常教学，嘻嘻，照样不是补回来。啊哈，道高一尺，魔高一丈，上有政策，下有对策，如何？还是我的高明吧。

　　环视我们的孩子,小小年纪有多少鼻梁上已经架着一副大眼镜,甚至镜片上的圈圈是一环又一环,厚重得像酒瓶的底面,看得吓人;有多少少小沦为白头翁,白发早早的密布在头上;又有多少平素脾气易躁,情绪容易激动,行为"怪异",思想叛逆的孩子……他们的这一切恐多非为先天生成,更多的是后天所致。而孩子们所从事的专职求学的相应不合理的教育,学校应该负上绝大份额的责任。我认为不能够给学生提供健康的教育,就不会是好教育;不能够给孩子创造快乐的教育,是一种失败的教育模式。尤其在过去的 2009 年,发生了许多学生轻生的事件,想想少小年纪,应该处于"蒙昧"状态,怎么会想到这么严肃的人生大问题? 风华正茂时期,应该意气风发,梦想施展身手才是,怎么会想到轻生? 一个人当他生活的环境幸福快乐美好的话,绝对不会"看透红尘",想到弃世。我们应该反省我们的教育,如果你是家长,想想你有一个成绩不怎么突出,但活泼健康的孩子是一件让你感到幸福的事。因为成绩不好的活孩子,总比成绩优异躯体僵硬的死孩子强。留一个活口吧,成绩代表不了一个孩子的一切;如果是校园的官吏加官进爵,应由孩子们在他的管理下生活的幸福指数决定,让孩子表达是否活得快乐来考量他的升迁,而不是考卷上的阿拉伯数字和各种表格上的造假数据;教育场所内应该拓展供孩子施展各类才华的舞台,狭隘的舞台造成了学生成绩不好就一无是处的悲凉局面,湮没了他在其他方面的天分,反过头来打击了他的人生;更重要的,是常受人们垢病的教育体制,尤其是考试制度需要改变;此外,在国民 GDP 增长的情况下,加大力度创造充足的优质的学位,提供给每一个学生,做到"有教无类"……

　　倘若出发点就在孩子健康快乐和幸福的点上,那么学生能不幸福吗？可惜离这里还有很远的路途。

无独有偶，根据某知名网站教育频道的调研，在 500 名受访的中小学生中，明确表示自己不幸福的居然高达 142 名，这还是在大量中小学生自身并没有建立起完整的"幸福观"的前提之下，因为调查还显示，升至高年级，随着思想的成熟及学业压力的增大，越来越多的学生感到不幸福。这样触目惊心的数字，深刻表明了当前的教育从某种程度上说，并没有真正关涉幸福，教育与幸福的内在联系并没有得到正确的认识和合理的达成。

目前我国对教育和幸福关系的研究具有三方面的认识，即相互需要论、教育以幸福为最终目的以及教育应关涉人生幸福。这三个方面的认识，构成了对教育与幸福关系的深刻理解。

（一）教育与幸福相互需要

持这种观点的研究者认为，教育和幸福的关系可以简洁地表达为教育和幸福的相互需要。在这一观点下，教育和幸福存在着本质的联系：教育过程本身应该是幸福的；教育应该为人未来的幸福生活做出必要的准备。[①] 幸福需要教育，教育也需要幸福。

首先，幸福需要教育。一方面，教育有助于提高人们对幸福的认识。人人都向往和追求幸福，但并非人人都能获得幸福。究其原因，当然是多方面的，但我们可以断定，如果对幸福缺乏足够的认识，那么极有可能出现对幸福的追求越追越远；另一方面，教育有助于提升人们追求幸福的水平。对幸福的敏感、向往与追求乃是一种有待于发展的主体能力。幸福之所以需要教育，最主要的原因在于幸福与主体的联系，主要包括主体感受幸

---

① 沙洪泽.关于"教育——为了人的幸福"的思考[J].思想理论教育，2002(11).

福的能力与创造幸福的能力。

其次,教育需要幸福。在很大程度上说,教育的过程既是教育者教会受教育者学会求真、求善、求美的过程,同时也是学生自身学会求真、求善、求美的过程。教育需要幸福的一个重要理由是,求真、求善、求美的过程本身是一个充满幸福的过程。一方面,知识属于人的认识范畴,也属于人的幸福的一种中介性因素。认识世界包括人本身,是人的一种天性,这种天性使得人们对于未知的东西充满了好奇,这种好奇心可以说是推动时代前进的一股重要力量。而教育理应在满足学生的好奇心方而作出贡献;另一方面,我们在进行知识教育的同时,更应该重视道德的培养,人类需要用人文精神来指引前进方向。求善会使人的内心安宁,同时也会使人得到别人的肯定与接纳。在一般情况下,由于人追求善或他的善举得到肯定性评价,也会带给人莫大的幸福感,这也是支持人们奉献他人的一种重要的精神力量;除此之外,人性的最高境界是美的境界,那么教育的追求就不是单纯的求真。一味的知性教育,培养的只能是知识堆积而心灵匮乏的麻木之躯,而丧失了人的灵性也不是单纯的求善,一味的德性教育,仅强调仁慈谦让的美德,失却了对现代科学的追求,并无助于人类的进化。教育应该追求美,是美的教育。

（二）教育以幸福为最终目的

人的问题是教育思考的根本问题,与人生存有关的问题有人的本质、人的本性、人的命运、发展的地位、自由、幸福、价值等,这些都是人类思想发展、历史绵绵不绝的动力。教育的目的就在于合乎人性,引导人实现幸福。

在当代,生活时时处处都有遭分割的危险,因此,教育不会自然地与全面的生活相联系,生活,在当代更是一种能力,这种能力正需要后天教育的培养,而教育正是以人的全面生活为目的的。基于人有趋乐避苦的基本适应性,人的生活应该以幸福为目的。那么在这个意义上来说,教育也是以幸福为最终目的的。

(三)教育要关涉人生幸福

幸福是人所追求的生存状态与存在方式,现代意义上的幸福就是一种生活得更好的能力。教育作为一种特殊的生活方式,既要使生活于其中的人感受到幸福,也要使人获得一种活得更好的能力。因而,幸福是教育的应然追求,教育应该关涉人生的幸福。[①]

首先,幸福的终极目的性决定了教育活动对幸福的关涉。幸福作为终极目标的确立对人的生活具有重要意义,它从根本上规定着人的价值取向与追求。人生是各种追求幸福的行为集合,生活是各种活动的总和。活动总离不开目的和手段。目的和手段对人来说都是有意义和有价值的。教育活动作为一种有别于日常生活和社会生活的特殊生活形式,更不能背离这一终极性目的。就个人而言,受教育过程贯穿人生全程,是生活的一个组成部分。就人的整个一生而言,受教育并不是目的,而是个人获得幸福的手段之一,真正的教育是促使个人获得幸福的有效途径和有力工具。手段存在的合理性就在于它的合目的性,因而,教育为人谋幸福也就成为应有之义了。教育的合目的性就体现在教育活动对人生幸福的作用力,衡量教育活动的尺度不是其本身,而是人生幸福的实现程度。当然,教育作为有意识、有组织的活动必然有其自身的目的,但是一种阶段目的,应指向终极目的,而且这种阶段目的的实现过程不能有损于终极

---

① 易凌云.论关涉人生幸福的教育[J].教育理论与实践,2003(5).

目的的实现,并总是有助于终极目的的最终实现。阶段目的和终极目的在原则上是一致的,教育目的作为阶段目的,依附于幸福这一终极目的之下。因此,教育目的作为人对教育活动的价值追求与效果预设,应该在幸福的观照下确立。可以说,幸福在人生中的终极目的性决定了教育活动的目的,决定了教育对个人幸福的关涉。

其次,教育过程应该是人对幸福的体验过程。教育活动生成的新人的一个显著特征就是他们应该体验过幸福,并从内心里渴望幸福,对幸福的追求应成为他们生命的内在追求,他们自信有能力获得幸福。教育在个人身上的作用总是以幸福为基点与归宿。当把幸福生活看作人生的终极目标时,教育也应该指向这一目标。一个具有自成目的性的行动所带来的是一种无须代价的幸福。教育活动过程本身就应该是这样一种幸福体验的过程。因而,真正关涉人生幸福的教育应该是合目的性的教育与自成目的性的教育的统一,是结果和过程的统一,是目的与手段的统一。只有认识到教育与幸福的内在联系,才能把握教育的本质,才能树立合理的教育目标,也才能追寻和达成教育最为根本的价值取向。

二、审视与批判——传统学校教育的幸福失却

作为一种使人获得成长的活动,教育指向于未来且具有导引性、超越性,它所追求的是人所达到的最高境界,而幸福正是这样一种理想的境界。因此,从其应然价值的追求来看,教育的最终目的不应仅仅是传递知识和教给学生追求物质满足的能力,而应以知识为工具,教人理解生活、创造生活并不断地追求生活的意义。"引导和促进受教育者思想上的意义世界建构,使人们树立正确的人生观、价值观、世界观,使人们的学习和生活富于建设性和超越性,愉快而有意义",①这才是教育最重要的追求。由此可以说,"教育从根本上说就是培养人们感受幸福、追寻幸福、创造幸福的能力。教育之于幸福不是外在的,它是教育本身的应有之义"。② 正如前苏联著名教育家马卡连柯(Ahtoh CeMenoBHH MaKapeHKo)所说:"我确信,我们的教育目的不仅仅在于培养能够最有效地参加国家建设的那种具有创造性的公民,我们还要把所有受教育的人一定变成幸福的人。"

然而,在现实之中,教育是否真正达成了对于幸福的追寻?这个问题恐怕很难给出肯定的答案。

为了让学生获得真正的幸福,对抗物质主义给社会带来的危害,英国最顶尖的私立学校之一——威灵顿公学决定从2006年9月新学期开始,给该校14—16岁的学生每周上一节幸福课。幸福课的基础是方兴未艾的"积极心理学",这是当前最受欢迎的课程。威灵顿公学的幸福课旨在增进学生获得完美人生的可能性,课程将涉及如何获取更多的幸福体验、如何保持身心健康、如何提升成就感、如何保存友谊等。学校的校长安东尼·谢尔顿(Anthony Sheldon)坦言:"我们对学术课程过于重视,丢失了更加重要的东西",而幸福课的开设,某种程度上,正是为了弥补这种丢失。

作为一种主观感受的幸福,是否可以通过专门的课程来教授,这本身是一个值得探讨的问题。但是有一个问题是明确的,那就是教育与人的幸福有着密切的联系,同时,现在的教育,又

---

① 王长乐.当代教育功能观嬗变:从有用到有意义[J].教育理论与实践,2007(2).
② 冯建军.教育的个体享用功能[J].上海教育科研,2002(1).

往往在有意无意中远离了幸福，这种远离的根本原因在于教育理念与行为中的"目中无人"。

"目中无人"让教育远离了幸福，那么，教育又是怎样"目中无人"的呢？在笔者看来，这种"目中无人"的背后，是人们对于教育目标的误读，以及由此带来的教育内容、师生关系、教学手段和教育评价的一系列问题。

以"育人"为崇高目的的教育，理当以人为本，关注个体幸福。教育需要把学生的幸福作为现实关怀和终极关切的着眼点，客观上要求教育过程本身成为一种幸福体验的过程。然而令人遗憾的是，当今的种种教育行为，即使不是在故意遗忘学生的幸福，也往往深陷于有悖学生幸福的矛盾之中。太多的时候，人们把教育纯粹现实化、工具化、功利化了，以为如此才能谋得"实在"的利益并获得幸福。这实际上是对"幸福"的误读，导致了学生种种"不幸"的教育行为。[①]

教育远离幸福，首先是教育目标的问题。幸福是个体的主观体验，但是要送给学生们的幸福并不应该是虚无缥缈、不可捉摸的，相反，幸福是和实际生活紧密相连的，是指向生活、扎根生活的。说到底，幸福就是过一种正当、愉悦而完满的生活。而过一种正当、愉悦而完满的生活不仅仅需要一定的生活技能技巧，而且需要人的基本知识、高尚情操、健全人格、善的品质、道德实践能力等相关素养，而这些素养惟有通过全面发展的教育才能得以提升和养成。然而反观实践，当下，面对升学、就业的激烈竞争，教育也容易迷失方向，弃人的全面和谐发展于不顾，而是片面地将知识、智育当作教育的全部。华东师范大学郅庭瑾教

---

① 方红，王帅. 论关涉个体幸福的教育重构[J]. 教育学术月刊，2008(1).

授说:"当今教育最为深刻的危机之一,就在于知识占据了至关重要的地位,培养和塑造'知识人'成为根深蒂固的教育理念,始终指导和制约着教育的实践,这种模式下培养出来的学生,往往难以全面理解幸福的含义,缺乏获得幸福的能力,要么以追求低层次的物质满足为幸福,要么以追求个人私欲的快乐为幸福,而不能过一种正当而完满的生活。

教育偏离幸福,与教育的内容也有着直接的联系。无论是陶行知的"生活即教育",还是杜威的"教育即生活",强调的都是教育与生活的联系和不可分割。可以说,学校教育只是学生人生长河中的一个片段,学校教育是对学生已有生活经验的修正、补充和完善,同时学校教育还必须直面学生将来可能面对的生活,为学生将来的生活作充分的准备。教育不可能在真空中进行,它是一种特殊的生活,教育的过程同时也是生活的过程,它不该也不能和学生生活相互剥离。而在现实中,教育脱离学生生活的现象并不少见。学习数学时,很多学生虽能脱口而出面积、体积的计算公式,却对家中房间、庭院面积的实际测量束手无策;很多学生学了诸多物理知识,却不会用所学知识来解释生活中的物理现象;不少学生记忆了大量的外语单词,而在实际生活中却不能运用自如。学生知与行的脱节,说与做的相悖,一定程度都说明教育与现实的脱节。这种脱节,容易导致学生学习过程中理论与实践的背离,也导致了他们灵活运用所学的知识寻求幸福生活的能力,很多学生不知道学的书本知识除了能获取高分外,还有什么实际用途和意义,这样的学习过程和结果对学生而言,都不能算是真正的幸福,这样的过程,当然也无真正的快乐可言。

师生关系是决定教育幸福感受的又一重要因素。作为一种特殊的人际关系,师生关系既有教育上的,又有心理上的,而教育关系以心理关系为基础和前提。师生关系如何,直接影响到教师和学生的幸福感,教师能否幸福地教,决定了学生能否幸福地学,反之亦然。学生为什么到学校读书,一个最根本的原因是对获取知识的渴望,这也就决定了,古往今来师生关系最为核心的中介是知识,知识的传递将教师和学生紧密相连。然而,知识是师生关系的本质中介,却不是唯一的中介,师生之间联系的纽带,除了知识,还应该有道德、情感、文化。特别是在新课程改革的理念下,知识之外的因素受到了更多的重视,但是在当前相对激烈的竞争和声学压力下,很多教师依然将知识作为师生关系的唯一中介,实践中经常上演着教师苦教、学生苦学的镜头。课堂上,不少教师或自顾自地高谈阔论,或强行学生死记硬背,学生只有服从的份,没有自由言说和展示自我的机会,如此下来,还有几个学生能感觉到学习的乐趣和幸福?更有个别教师,为了学生的"好",而不惜以牺牲学生的身心健康为代价,以致上演了一幕幕校园中的不和谐事件,直接造成了学生和教师的不幸。现实之中,如果将师生关系单纯地理解为单一的知识传递关系,忽视了其中的情感、道德和文化因素,不仅会导致师生关系的紧张,也容易剥夺学生享受幸福的机会。

教学的手段和学习的方式,同样能够影响教育主体的幸福感受。人的任何行为都是有目的的行为,为了实现目的,采取相应的手段。为了达到一个目的,可以有很多的手段,但不应忘记的是人的一切活动都有一个终极目的,那就是人的幸福。教育警示我们,当教育者热衷于以教材为目的,以书本上已有的知识为目的时,教育活动训练的只是学生的机械重复,死记硬背的"技能",而不是学生运用已知探求未知的能力。把教育局限在教材上的做法，以及由此衍生的灌输式为主的教学手段，导致学生难以获得情感上的满足，缺乏创造、缺乏激情的学习，使学生渐渐丧失学习的内在动机，不利于学生全面人格的养成。这样的教学手段容易造成两个方面的严重后果：一是学生的学业负担的加剧；二是造成教育中人际关系的疏远。学生们忙于记笔记，背课文，做试卷，跑各种补习班，根本没有时间与同学、老师和家长交流。如果学校只是学习的场所，学生与教师之间也仅仅是通过"书"来交往，师生之间缺乏情感上的联系，那么可以想象教师在工作中的煎熬与倦怠，可以想象学生的幸福从何谈起！

幸福是一种自我内心体验，是否感到幸福、能否获取幸福虽然主要取决于个体，但是，作为社会的人，个体的幸福很大程度上要受到外界的影响，需要外界提供合适的环境和条件。尤其是学生，其身份的特殊性，决定了学生的幸福感要受到诸多因素的制约。家长、学校、教师、同伴对学生的行为是否认同，学生是否得到了家长、学校、教师、同伴的关爱，学生是否有学习成功的体验，是否对自身成长与发展状态感到满意，是否体验到了自身生命价值等等，都可能影响学生个体的幸福感。而在现实中，有的家长和教师笃信分数，使许多学生与幸福无缘，不时见诸媒体的学生因学习成绩不好而离家、离校出走甚至被老师、家长打骂、打伤、致死、致残的事件就是最好的明证，这样的教育，怎能带给学生幸福呢？

幸福的追求，是教育的最高目的，同样，幸福的失却，暗含了教育变革的需要。自现代教育体系确立以来，教育的发展始终是在变革之中不断前行，一系列教育问题的解决，都是伴随着改革的步伐而最终实现。有人说，今天的教育已经成为同医疗、住房并行的三个社会性难题。面对这样的情境，每一个教育工作者，都应该有一种沉重的历史使命感，寻求变革不仅仅是教育专家和教育行政部门的责任，每一个教育工作者都责无旁贷。

上述种种教育问题的存在，其背后的原因固然是多方面的，然而，最为核心的问题恐怕还是对于教育应该"培养怎样的人"这一根本性的问题理解和实践存在偏差，由此，让教育找寻失落的幸福，变革的出发点依然应该回归到"培养怎样的人"这一问题的探讨，[①]通过学校教育的系统变革寻找教育关涉幸福的可能性路径，让教育真正回归本源，真正提升幸福。

三、反思与重构——指向师生幸福的教育变革

幸福作为人生的目的，无论是作为现实目的，还是作为最终目的，它的达成有赖于人生在不同阶段的诸多不同目标的实现。没有一个个人生具体目标的实现也就不会有幸福这一人生目的的实现，而教育恰恰是推动人生目标不断实现并最终实现人的幸福的根本途径。

从理论上说，教育之所以能够对人的幸福有所作为，主要基于三个方面：

首先，教育将为人的物质生活的幸福奠定必要的基础。我们谈论"人"，不应当是任意想象的抽象的人，而应当是"现实的人"："生产物质生活本身"是他们"第一个历史活动"。"因此，谈论"人的幸福"，也不应当是空洞而抽象的，首先应当是人通过"生产物质生活本身"在物质生活下所获得的幸福。教育同物质生活的关系及其重要性几乎众所周知。"生产物质生活本身"在

---

① 孙爱军. 野百合的春天——"广学灵动"的办学之道[M]. 上海：学林出版社，2012.7—15.

很大程度上依靠知识、技术和技能,而知识、技术和技能的获得在很大程度上又依靠教育。需要强调的是,在幸福教育的视野中,教育不仅关注知识、技术和技能,更关注人的全面发展;不仅关注人的谋生、就业和功利,更关注人的自由、解放和幸福;不仅关注将幸福的理念贯穿于教育的全过程,更关注将幸福的理念贯穿于劳动的全过程,其目的是使"生产物质生活本身"的劳动成为"真正自由的劳动",成为吸引人的活动,成为个人的自我实现,"给每一个人提供全面发展和表现自己全部的即体力的和脑力的能力的机会",让"他们在这个过程中更新他们所创造的财富世界,同样地也更新他们自身。"

其次,教育将为人的精神生活的幸福打开广阔的空间。人既有物质生活层面的需求,又有精神生活层面的需求,于是,人既要从事"生产物质生活本身"的活动,又要从事生产精神生活本身的活动。与这两个层面的需求相呼应,人的幸福也可分为两个层面:一是物质生活的幸福;二是精神生活的幸福。相对于物质生活的幸福来说,精神生活的幸福则属于更高层次的幸福。当然,物质生活和精神生活两个层面的幸福是密切相关、相辅相成的:从某种意义上可以说,前者是后者的基础和支撑;后者则是前者的深化和升华。哲学家怀特海(Alfred North Whitehead)对"教育的目的"做了这样的阐述,他说:"我们要造就的是既有文化又掌握专门知识的人才。专业知识为他们奠定起步的基础,而文化则像哲学和艺术一样将他们引向深奥高远之境。"①在这里,已经涉及教育对人的物质生活和精神生活的双重意义。教育对于人的幸福的意义是全方位的。如果说,教

---

① (美)怀特海.教育的目的[M].北京:生活·读书·新知三联书店,2002.1.

育对于人的物质生活层面的幸福有着不可估量的重要意义的话，那么，教育对于人的精神生活层面的幸福的意义则更大并更加难以估量。

最后，教育的过程本身就是体验幸福的过程，并使人在体验幸福的过程中领悟幸福的真谛。教育对人的幸福的意义，不仅在于未来，更重要的是在于现在；不仅要给人奠定物质生活和精神生活的基础，更重要的是要使人在教育的过程中真切感受到幸福的体验。从这个意义上说，教育在本质上不仅要展现人类生活的理想，更重要的是要展现人类理想的生活，让人们在这种理想的生活中学会如何追求幸福，如何感受幸福和如何幸福地生活。

总而言之，教育如何促进人的幸福是当前教育学的重要议题。幸福不是快感，而是人在生活中表现出的整体的精神状态，是精神获得卓越发展的关善生活的实践。教育只有引导人追求和实践关善生活，才能促进人的幸福。① 然而，教育对于幸福的关涉与达成并非自然而然的，教育必须通过改革，围绕幸福这一核心价值指向，积极构建合理的教育目标、方式，形成教育与社会的合理性关系，②由此才能承担起重塑人的幸福的价值与使命。值得一提的是，教育作为人类社会的一种重要活动，它对于幸福的效应是一个非常复杂的问题。③ 作为教育改革的细胞，每一所学校都应该树立起生命关怀的价值导向，以师生的生命幸福作为根本追求，通过管理、课程、教学、文化等领域的多维度

---

① 金生鈜.教育如何促进人的幸福[J].华东师范大学学报（教育科学版），2009(3).

② 郝文武.教育与幸福的合理性关系解读[J].陕西师范大学学报（哲学社会科学版），2008(1).

③ 傅红春，黄芝华.教育的幸福效应：方向·力度·速度·跨度[J].华东师范大学学报（哲学社会科学版），2015(6).

建构与持续性变革,为师生的幸福成长提供温馨的场域。

风景秀丽的御桥是典型的江南水乡,它东接横沔,西连三林,咸塘江纵贯南北。清朝中期,乾隆皇帝下江南曾在御界桥拜访自己的顾太师,这一美丽的传说让御界桥名噪一方,御桥也成为人杰地灵、尊师重教的好地方。

御桥小学创建于 2002 年,由北蔡镇四所村校合并后正式独立,原校址位于沪南公路 2061 号。2009 年开办御山校区,2011年将沪南路校区和御山校区合并,2014 年又开办高青校区,区教育局又将浦江小学撤销建制后整体并入。御小发展的十八年是在学校与学校合并中发展壮大起来的,学校抓住机遇,不畏艰难,迎接挑战,用作为争地位,实现了一次又一次的进步和发展。

学校现有御山、高青两个校区,其中御山校区占地面积17631 平方米,建筑面积 10980 平方米,绿化面积 5500 平方米,绿化覆盖率 31.2%。高青校区占地面积 18505 平方米,建筑面积 10547 平方米,绿化面积 6477 平方米,绿化覆盖率 35%。为了打造育人的教育场,学校特别注重校园环境的布局,建有假山水池,大型雕塑,文化主题,70 多间教室都配置了多媒体现代化设备。各层走廊色彩明快,教室温馨雅致,环境舒适宜人,英语角、谈心区、探究室、种植园,融人文性、探究性和教育性为一体的文化环境,让孩子们身处其中,快乐学习,幸福成长。

学校现有 55 个教学班,学生人数达 2337 人。随着学校规模的不断扩大,学校弘扬"合作探究"的团队合作精神和科学探究精神。现有 153 名教职员工,平均年龄 34.5 岁,其中全国、市、区优秀教师、骨干名师 30 多人,全国、市、区教学比赛获奖者10 多人次,英语专业 8 级教师 10 人,远赴加拿大、英国培训 6人,到区署兄弟学校培训支教 7 人。一支年轻化、高学历、善学习、乐合作、充满活力的教师队伍不断壮大。

经过十八年的努力,学校实现了快速的发展和进步。学校荣获全国教科研先进集体、全国未来求知计划培训实验学校、全国乡村学校少年宫、全国足球特色学校、全国课改作文基地实验学校、全国英特尔未来求知计划实验校、上海市安全文明校园、上海市健康先进单位、上海市红旗大队、上海市乡村学校少年宫上海市依法治校示范学校、上海市家庭教育示范学校、上海市行为规范示范学校、新区素质教育实验校、新区教师专业发展学校、新区见习教师规范化培训基地、新区优秀工会之家、新区体育工作先进集体、新区语言文字示范学校、新区绿色学校、新区劳动集体先进单位等30多项集体荣誉称号。学校稳步发展连续8年跻身新区绩效考核优秀单位,从"优秀三等"、"优秀二等"挤入"优秀一等"的行列。新区教育局推荐十几家媒体单位到校采集学校发展的先进经验,上海电视台、浦东电视台、上海教育等做了连续报道。

在学校办学的历史上,我们经历过一段非常灰暗的时期,学校频繁拆并、搬迁,学校教学质量不高,生源流失严重,社会认同度低,是一所名副其实的"薄弱学校"。正是在这样一种现实情况下,笔者来到这所学校担任校长职务。上任伊始,我和中层班子成员用最短的时间理清了学校存在的主要问题,重新明确了学校发展的定位与基本路径,形成学校师生公认的价值观,并系统推进学校教学与管理各领域的系统变革,在较短的时间内扭转了学校面貌,促进了学校整体发展步入正轨。

从薄弱学校到优质学校的转型,既赋予了我们改革的信心与勇气,也促使了我们反思与总结,作为学校的管理者,在我看来,学校为什么能够实现稳步持续发展,有两个因素至关重要:

一是明确的办学理念,让教师坚守信念做到"目中有人";二是积淀学校文化,引领教师团队在践行理念同时做到"心中有谱"。我校提出了"共创每个孩子幸福童年"的办学理念,如何让理念落地生花? 基于学校的实际情况,我校提出以"合作探究"为核心的学校文化,并以这一理念和文化为核心推动了学校管理、教学、课程、文化以及人才培养目标和路径的系统变革,不仅提升了学校的办学质量与办学声誉,也让幸福回归到了学校之中,回归到了师生的生活世界。

2017 年年初,在对学校 2016 年度工作进行系统总结的时候,我面向全体教师发表了题为《心存感恩,延续幸福》的讲话,在师生之中引起了很大的反响和共鸣,这种反响与共鸣既是对学校办学成绩的认可,更是内心幸福与愉悦的自然流露,以下是我发言的内容:

时间真快,我清晰的记得,2016 年 1 月 18 日,也就在这个会场,我们举行了"御小春晚",我们提出了 2016 年五大工作目标,那天的场景仿佛还在昨天。一年来,我们御小人乘风破浪、上下同心,用勤劳和汗水超额完成了我们的预定目标,并获得了意外的收获。

5 月的教育督导,教师网上测评对学校满意度高达 100%,这提醒我们中层干部要更加自律,珍惜和老师们一起共事的缘分;7 月的国际交流实现了零的突破,艺术教育又创巅峰之作,这让我们更加自信,要运筹帷幄争创区艺术特色学校;面对招生重重压力,最终将 135 名康桥学生平稳安置到高青校区,这让我们坚信开弓没有回头箭,用作为可以争地位,用优质服务一定会赢得家长的认可。面对 2550 多名师生这样一所大校,未来的发展需要改革创新,而学校发展赢在中层,新老班子承上启下、勇于担当，保障了学校平稳过渡。

最让我惊喜的是御小从一所名不见经传的普通小学，从2012年开始连续四年跻身新区绩效考核优秀行列，12月5日，当我看到2016年绩效考核优秀学校公示名单时，我心跳加速，感觉是梦非梦，真的！虽然第六感觉今年的考核会比以往更具优势，但不管怎样，优秀一等这个结果还是出乎我以及所有人的意料的！但它恰恰是真实而存在的。我说：低调再低调，但我陷入了沉重的思考：局署领导为何把如此高规格的奖项给了御小？

难道御小综合实力已经完全达到优秀一等了吗？不是！

难道御小比其他学校做出了更多的社会贡献吗？不是！

难道御小已经超越其他学校成为新区真正的一流名校吗？更不是！

我想，这是一份精神和物质的奖励，是荣誉，更是激励！

首先感谢区署领导的关心鼓励，他们看到御小人一路的坚持和坚守，他们看到两校合并过程中的艰难和不易，他们看到了我们正在努力走向卓越。

其次感谢学生家长的添彩包容。家校关系非常微妙，教师要主动出击，携手家长一起关注孩子的成长，一起探讨教书育人的意义和价值，当家校形成合力就一定会实现双赢，因为我一直坚信：金杯银杯不如百姓口碑，办老百姓家门口的好学校不是一句空话，应该让它落地有声。

最要感谢的是全体教师的同心协力，我们一贯倡导的团队合作精神和科学探究精神已经成为御小的文化精髓在不断传承发扬，我们的干群关系，我们的同事情义正在磨合中趋向稳固。以工作实绩论英雄，以服务质量论口碑是御小管理评价的理念。

我们既要仰望星空,又要脚踏实地,我们在相互学习、彼此支撑、多元合作中建立起合作探究的学习共同体,我们快乐幸福的工作,去找到属于自己的舞台,去实现自己的价值。在此,我要感谢所有付出努力的老师们,感谢最忙碌最辛苦的17位班子成员、我们57位班主任,感谢不放弃每一个孩子成长的的学科老师们,感谢在学校困难面前勇挑重担、临危受命的老师们,感谢为青年教师培养付出智慧和汗水的导师们,感谢怀有身孕但仍坚持工作的年轻妈妈们,感谢默默为一线教师提供后勤服务的所有同志们;今天我还要感谢一群人,那就是我们原浦江的老师们,没有浦江师生的并入,御小不会变成教育署最大的学校,没有浦江的并入,我们不会经历那么多的考验,而每一次的考验让我们党政更加同心,让我们新老御桥人更加团结,是的,唯有同甘共苦,同舟共济,鼓励自己不中途放弃,不轻言气馁,才让御小一路扬帆起航。

老师们,2016有太多难忘的故事,有太多留恋的记忆,有太多不舍的情愫,这一年我们在付出的艰辛中捡拾丰硕的果实,这一切使我们倍感温暖,倍感幸福!但我们还要清醒地认识到,学校发展还面临很多困难:如学生班额太大,校园安全存在隐患,中青年教师居多,梯队培养需要科学设计,教师水平有较大差异,教育质量有待整体提高,校园环境工程浩大,物力财力要规范使用,六彩魔方课程要凸显核心素养并做大做强,师生铜管乐队如何合理规划早出成绩,2017年正逢御小15周年校庆,我们如何庆祝,一些列的话题需要我们去提前思考和规划。

老师们,生活就是一场修行,教育就是一种感化,它给我们磨砺,让工作变的有涵义;给我们荣誉,让我们寻找成长的空间!2016,我们一路走过,一路喜乐,一路花香,2017已经向我们招手,让我们心存感恩,心怀喜悦,保存勇气,延续幸福,老师们让我们继续为御小加油吧。

幸福是一种关涉美好的精神追求,它超越了地域、权力、文化的阻隔成为了人类生活的共同愿景。幸福不仅仅作为一种心理状态的满足,而且体现为一种合乎德性的存在。以探索人的发展为目的的学校教育活动自然需要关照人的幸福,需要以人的幸福作为最高追求。从根本上说,幸福是人的一种主观体验,这种体验具有差异性、多元性、主体性、复杂性的特征,这也就意味着学校教育要真正回归到人的幸福必须进行多个维度的系统变革,必须在深刻分析师生现实情况的基础上努力做出特色,努力寻求创新。这既是推动学校变革,提升学校教育质量的必然要求,也是教育关涉并创造幸福的应有之义。

本书所要记录和呈现的,正是御桥小学通过学校系统变革"共创每个孩子幸福童年"的心路历程与经验总结。

【本章启示】
教育要"目中有人""心中有谱"

教育是人学,办学是育人。学校的办学特色,不在于具体项目,而在于整体育人、全面发展。御桥小学提出:"共创每个孩子的幸福童年",就是把人的培育作为核心的任务,针对小学阶段的教育目标和学生的实际而加以定位的。教育的"目中有人",让我们的教育从此有了前行方向。

办学理念的正确是方向,而学校文化则是实现的途径。学校提出并实践"合作探究"的校园文化,通过教师对教育服务的知与行,使正确的教育理念变为有效的教育行为,这种办学的"心中有谱",让我们的办学从此扬起风帆。

　　我们坚信，"目中有人"，坚持教育以人为本；"心中有谱"，奉行办学规律成事，才能办成一所让老百姓满意、让师生共同成长的好学校。

第一章 学校管理——共创每个孩子的幸福童年

学校办学目标的实现,学校教育价值的追寻,最终都需要依靠科学有效的学校管理。创新,是时代的主旋律,同时也是我国中小学面临的重要课题。学校管理必须通过持续不断的创新,不断生成和体现新的管理理念,不断理顺学校管理的体制机制,不断激发学校办学的生机与活力,进而让学校的核心价值追求通过科学有序的管理得以实现。在御桥小学的管理过程中,我们充分认识到共同价值观的引领价值,认识到学校管理的"方圆之道",认识到制度、文化对于学校变革的重要价值,在学校管理的不断优化中体现学校办学理念,让学校真正成为每个孩子幸福童年的见证者与创造者。

第一节 以共同价值激发主体责任意识

管理大师彼得斯和沃特曼(Peters & Waterman)的研究指出,所有优秀的组织都很清楚自己主张什么并认真地建立和形成组织的价值标准,而一个缺乏价值观或价值观不正确的组织很难获得经营上的成功。现代学校已经进入到一个新的发展时代,此时的学校不能单纯依靠办学软硬件的改进来获得发展,而是要通过提升组织活力和凝聚力来实现可持续的内涵式发展。

在实现学校内涵式发展的过程中,打造作为组织灵魂的学校文化是一个极为重要的方面,而价值观建设又是其中的重中之重。因此可以说,打造既能规范更能引领学校成员行动的学校核心价值观是现代学校发展的热点主题,也是优质学校有别于普通学校的一个基本特征。①

学校价值观是指,在学校办学理念、办学模式、规章制度以及师生行为中所体现的基本观念、准则。它为学校的生存与发展提供了基本的方向和行动指南,对教师的工作产生强而有力的伦理动力。由于"价值"在文化体系中有机地整合了伦理与道德,而道德是超越自我外在形式而形成的内在的心理规范,因此,价值观依附于特定组织的文化传统,它的形成必然有其内在的机理,即不同条件下的组织将形成不同的价值观。

在学校共同价值观形成的过程中,有两个重要的概念需要进行明确,其一是学校的办学理念,其二是学校的文化。有研究指出,学校办学理念提出的主体通常是校长,办学理念是校长办学思想的集中体现,而学校核心价值观的建设主体应该是全体师生。虽然校长是学校核心价值观形成的组织者、最终的决策者,但这并不意味着校长就是学校核心价值观建设的唯一主体。如果建设主体发生错位,则理应汇聚各方价值观共识的学校核心价值观便成为校长个人的价值观;如果师生在价值观的选择及建设中缺位,则师生的价值共识将难以形成,所谓的学校核心价值观便成为个体价值观,而不是具有普遍意义的核心价值观。该研究同时指出,学校文化的基本结构包括学校精神文化、学校制度文化、学校行为文化、学校物质文化四个方面,其中学校精

---

① 余清臣.学校核心价值观体系及其生态[J].中国教育学刊,2009(12).

神文化是学校文化的深层表现形式,学校制度文化、学校行为文化、学校物质文化是学校精神文化的基础和载体,并深刻影响学校精神文化。学校精神文化是学校文化的核心,而学校核心价值观又是学校精神文化的核心。将学校核心价值观等同于学校文化,既窄化了学校文化的内涵,又消解了学校制度文化、学校行为文化、学校物质文化对学校核心价值观的承载作用。[①] 基于这样的理解,可以认为,学校共同价值观与学校的办学理念、学校文化有着内在的差异,但是办学理念和学校文化应该成为学校共同价值观的核心体现,也应该成为师生精神力量的源泉。在御桥小学的管理变革中,我们基于学校办学历史与现实的把握,充分考虑现代学校教育的价值追求,提炼生成了"共创每个孩子的幸福童年"这一核心价值,并将之升华成学校的核心办学理念,同时通过一系列的制度与文化建构,形成彰显这一核心价值取向的物质与精神载体,从而凝聚起促进学校发展与变革的强大而持续的精神力量。

一、学校共同价值的界定

学校办学与发展的共同价值,是指导和引领学校各项工作的核心的教育思想,是在一定的哲学思想指导下,以教育价值观为核心,对培养人的社会现象,既作出事实判断又作出价值判断的、系统的理性认识。学校的办学理念正是这种理性认识的结晶,是学校共同价值的核心表达。

在我们看来,如果说,学校诸多变化是"叶",那么正确科学的办学理念则是"根",它是引领学校发展的航标。作为学校发

---

① 湛卫清.学校核心价值观的认识误区及其反思[J].教育发展研究,2010(4).

展的核心价值引领,办学理念的的凝炼不是随意的,有两个基本点必需把握:即对教育规律的不断探寻与对教育价值的不断追求,也即培养什么样的人与怎样培养人的问题,其实质上就是要做到合目的性和合规律性的统一。① 我校提出"共创每个孩子的幸福童年"这一办学理念,基于以下两点思考:

首先面对 21 世纪我们所处的整个社会大背景下,我们的学生基本上都是独生子女,他们不愁吃穿,但家长的期盼、千军万马过独木桥的高考制度,让家长不希望孩子输在起跑线上,所以胎教、早教、提前拔苗助长式的知识学习,让孩子的童年缺少了欢乐的笑声和自由的生活。在这样的情况下,学校教育必须关注学生的幸福,让学生从社会与家长的过度焦虑中脱身出来,享受应该属于他们的幸福时光。

其次我校坚持推行素质教育,坚持学生的全面发展和个性发展,希望学校能开展丰富多彩的校园生活,让孩子们在寓教于乐的活动中,留下难忘的童年记忆,能健康快乐的成长。这是学校教育价值的体现,也是学校教育对于生命的认可与尊重。

我校提出"共创每个孩子的幸福童年",我们对它的理解包含三层涵义:

首先,小学教育阶段是孩子一生中最重要的奠基阶段,孩时的经历对孩子未来的心理和性格塑造起着重要作用。"让孩子拥有快乐的童年,为孩子拥有幸福人生奠基"应成为小学教育的价值追求。学校要努力让孩子在阳光下茁壮成长,拥有快乐健康的童年,抛去那些原本就不该属于他们的"重负",如以考试成绩排名,以题海战为主造成的学习压力等,让孩子们回归童年的

---

① 王俭.教育理念的凝炼与个性化办学思想的生成[J].教师教育研究,2014(5).

纯真,在合作竞争中获得真善美的熏陶。

其次,教育应尽可能考虑到公平,让每一个孩子都享有同等受教育的权利,让每一个孩子都有机会获得个性发展,为了每一个孩子能健康快乐幸福成长,应成为我校每一位教职员工共同的追求。不论愚钝美丑,不论家境好坏,每一位孩子都应享有快乐学习和健康成长的机会,学校应尽可能为其创造这种机会。

再次,育人需要每一位教师的精心呵护。培育孩子成长是学校教师的天职,需要每一位教师的精心呵护,所以营造和谐的学校文化,促进教师专业的持续发展,每一位教职员工都负有不可推卸的责任,在引领学生道德智慧发展的同时促使其个性张扬和心灵健康。唯有教师的发展,才能从根本上促进学生成长和学校发展;唯有拥有一支高素质的教师队伍,才能从源头上塑造孩子健康的心灵,为他们的幸福童年奠定坚实的基础。

一所学校办得如何,最有发言权的是学生,最有评判权的是家长,因为学生的直接感受和家长的旁观目测,能真实地"还原"校园的现实。每天早晨盼着上学,开开心心地到学校;每天放学满心愉悦,带着收获平安回家,这就是一所好学校的"百姓版"和"学生谱"。

多年来,学校坚持举办十岁集体生日活动,这个年级活动课程,为学生搭建了展示自己、锻炼自己和提高自己的平台。2012届三(6)班戴同学的家长参加活动后颇为感慨,随即写了一封信给校长,信中写道:"一晃眼我们的孩子都10岁了!我想他们今天应该是世界上最激动、最高兴、最幸福的人了!十年前,他们仅有几千克的重量,而今天已成长为羽翼丰满的小雏鹰,时刻准备着展翅飞翔!十年前,他们仅有父母的爱,今天他们在御桥小学这个集体里收获了老师的关爱、同学的友爱。十年前,他们大声啼哭着来到这个美丽的世界,既不会说话走路,更不会识文断字,而今天他们一个个长大成人,每天早晨系上鲜红的红领巾,背上载满了知识和希望的书包,唱着嘹亮的校歌,迈着自信的步伐,开开心心地来到御桥小学上学。他们不仅学会了认字,写作文,做算术,简单英语会话,还懂得同学间友好相处、为班级争光。他们可比我们十岁时强多了!孩子们点点滴滴的成长,我们看在眼里,喜在心里。今天他们是十岁的好少年,明天希望他们都能成为家长的骄傲、祖国的栋梁!"这些肺腑之言,让我们坚信学校既是学生今天幸福成长的乐园,也是未来展翅翱翔的基地。

二、学校共同价值的达成

基于上文的分析,可以认为,理念是人们经过长期的理性思考及实践所形成的思想观念、精神向往、理想追求和哲学信仰的抽象概括。校长要想办好一所学校,其中一个很重要的因素就是校长要有成熟的、系统的关于办学的理性思考,这些思考实际上就是学校办学理念的雏形。办学理念可以使校长个体的行为具有自觉性和目的性,进而使学校的整体行为具有自觉性和目的性,使得学校的核心价值形成系统、凝练同时富有特色的表达。因此,树立办学理念是学校自身发展的需要,也是体现校长学校领导能力的重要表征。但是,应该注意的是,学校的办学理念不是校长一个人的理念,学校的核心价值不是校长一个人的价值,学校办学理念和核心价值的落实与彰显,也不应该仅凭校长个人的努力,应该充分认识到教师是学校发展的第一要素,是学校核心价值和办学理念落实的基本依靠力量,要依托教师的集体力量推动学校变革,进而实现学校价值。

　　教师是达成学校办学价值、推动学校内涵发展的第一资源,这是因为:首先,教师是各类教育活动的主要实施者。不管是知识教育、品格教育、审美教育还是劳动教育,都离不开教师。教师直接承担着各类具体的教育活动,正是通过教师的活动,各类教育活动才成为可能。其次,教师具有独立的教育价值。教师作为各类教育活动的实施者,不但表现各类教育活动的作用,而且不管在哪类教育活动中,教师自身是最重要的教育因素。教育活动总是在教师与学生之间展开的,"教育活动存在于师生关系中,它不仅仅是教育发生的背景,它本身就是有意义的教育活动,具有教育性"。[1] 最后,教师是影响教育意义生成的关键因素。所谓教育意义的生成,是指各类教育条件、教育活动进入学生的精神世界,为学生所理解、内化,从而促使学生发展特别是精神发展的过程。这一过程虽然是学生精神世界的内部变化过程,但并不是孤立、封闭的。在这一过程中,教师一方面对各类教育条件、教育活动进行操作,包括改造、解释等,使其便于学生理解和领会;另一方面,对学生的内部精神进行改造,比如激发学生兴趣、培养学生相应能力、训练学生思维与行为习惯等。由此可见,教师是教育意义生成的设计者、组织者和实施者,是教育设备设施和教育活动生成教育意义的重要中介因素,[2]也是实现学校办学价值的核心依靠力量。从御桥小学的实践看,我们依靠全体教师,通过制度的设计与变革,从以下三个方面路径入手,为学校共同价值的落实和办学理念的彰显提供了立体保障:

---

① 金生鈜. 理解与教育[M]. 北京:教育科学出版社,1997. 126.
② 叶文梓. 论中小学校长的办学理念[J]. 教育研究,2007(4).

(一)"一个都不少"：让"健康成长"由希望变为现实

在学校,教师对"共创每个孩子的幸福童年"有着透彻的理解,一是让孩子在阳光下茁壮成长,拥有快乐健康的童年,抛去那些原本就不该属于他们的"重负",二是让每一个孩子都享有同等受教育的权利,都有机会获得个性发展。

不同背景、不同基础、不同情形的学生,都得到一样的教育机会,这是实现共创的关键。如,学生小徐五年级时转入夏老师的班级,父母离异,母亲在他还在襁褓里时就抛弃了他。从小自卑的他满口谎言,但夏老师却发现他特别爱找机会和她说话。于是,无论小徐想说什么,夏老师再忙都会停下来听他说、和他交流。因为夏老师知道,这个孩子需要有人聆听,需要有人真心实意地关心他。渐渐地,小徐将自己当作了他的知音……毕业前,小徐流着泪说:"夏老师,我虽然没见过自己的妈妈,但是您就像我的妈妈,谢谢您的教导,这一年我很快乐!"

再如,曹老师对特殊学生的教育有独到之处。学生小裴的过去可谓"成事不足"同学关系不和,作业时常不做,学习成绩很差,还有逃学在外过夜的情形。为了寻找原因,开学第二天曹老师就出现在小裴的家门口。原来小裴一家是外地来沪家庭,父亲在某建筑工地打工,母亲是聋哑人,靠帮工厂加工手套维持生计,全家生活十分拮据。出生在这样的家庭,小裴开始心灰意冷,觉得命运不公,不愿意去学校,怕被同学耻笑。曹老师就像母亲一样关心着小裴,用关爱化作的春雨浇灌小裴枯竭的心,结果她学习明显进步,在同学中的威信不断提高,人也变得自信有精神了。暑假前一天,有人托校长转给曹老师一封信,信是这样写的:"尊敬的曹老师:感谢您上次送来的 200 元钱,您真是一位好老师。从您担任五(2)班班主任以来,我女儿的学习兴趣提高很多,成绩进步了。我虽然没有聆听过您的教诲,但您两次家长会上的发言以及女儿回来告诉我您教学的方式,使我对您产生了深深的敬意,还把我的偶像——28 年前教我物理的付老师作比较。我真庆幸女儿遇到了一个好老师……"

(二)"教育服务承诺":让"热忱服务"由期望变为现实

学校坚持人本管理、民主管理,将"管理就是服务""教育就是服务"的办学思想贯穿于学校管理的全过程,以教育服务实践为载体,以学生的发展为本,向学生提供教育、教学、课程、后勤、管理等全方位的优质服务,让学生获得最需要也是最能代表社会发展的知识和能力。

学校每学期分三个层面进行"教育服务承诺"活动。首先,笔者就依法办学、以德治教、规范收费等项目向家长、社区做出庄严承诺,并公示于校外橱窗,接受社会的监督,力求用真诚的服务赢得学生家长、社会的满意;其次,学校教职员工根据自己的岗位特点、学科特征制定个性化的服务承诺书;然后,由每个班级班主任老师协调整合各科任老师的承诺,制定班级服务承诺书,从德育管理、教学质量、课程文化、学生活动等方面向家长公示,并张贴于教室外公示板内,教师们用真诚的服务,接受家长全过程的监督。

"教育服务承诺"活动,提高教师观察分析、公关协调、研究分析能力;能以全新的角度观察学生、发展的眼光看待学生、全面的育人观评价学生;构建平等、民主、合作师生关系,为学生的全面发展创造良好的氛围。

通过"教育服务承诺"活动,为学生提供个性化的服务,老师们对教育本义有了新的认识:教育是学生合理需求不断得到满足的过程,表现为教师对学生全身心的"迁就";教育是学生不合理需求不断得到引导和校正的过程,表现为教师对学生的"循循善诱"和"指点迷津";教育是学生单一和浅层次需求不断得到丰富和提高的过程,表现为教师对学生的"鼓励"和"激励"。教师由传统的"知识传授者"这一单一的角色转变成服务者、引领者、研究者、合作者。师生不再是主客体似的对立关系,而是"你——我"式的平等关系,相互协作、共同探究、共同提高。

(三)"合作探究":让"共同进步"由理想变为现实

合作探究是学校的文化表述和核心内涵。在学校,校长变管理为服务,为教师提供物质、精神服务,让中层班子发挥潜能,工作创新求突破。中层干部改变纯粹的传达精神和工作布置,将一切工作变为对教师专业的指导和服务,开展平等对话与交流,增强教师的主体发展意识。

在学校合作探究文化形成过程中,重视团队的学习、管理,强调全员学习、过程学习,强调人本管理、民主管理。学校相继出台系列制度,如"教代会制度",鼓励教师参政议政;"星级文明组室评选条例"强调学习型团队的形成;"优秀教研组评选制度""办公室家常性教研细则"等,让教师树立合作、探究意识,在提高个体能力的基础上,提高团队整体素质。通过系列激励机制,鼓励教师做学校的主人,做团队的主人,在共同学习中发现问题、研究问题、解决问题。

关注专业,是合作探究文化形成的核心。课堂是师生成长的主阵地。学校提出"教学四重建"思想,即目标重建:教学设计除了关注知识、技能、情感外,还要关注预设和生成;价值重建:课堂是学生学习成长的地方,它也是教师专业成长的地方;过程重建:发挥合作教学的优势,注重师生、生生之间的平等对话、交流;评价重建:建构以生成性为核心的教学评价制度。还推出"教学四开放"制度,即教案开放、课堂开放、学科开放、评价开放,将教学方式、学习方式的转变作为研究的主题,倡导"个人认领——分工合作——资源共享"的集体电子备课,将备课本变成团队研究的智慧手册。

关注学生,是合作探究文化形成的关键。学校以合作探究学习为中心,以创造成长为追求,通过丰富多彩的课程学习,让学生体验合作探究的快乐。新课程改革期盼师生、生生情感交融、互动合作、共同对话的课堂。教师精心创设富有多元对话的课堂情景,培养学生的合作意识和探究精神。教师是顾问,是参谋,引导学生在民主、平等、融洽的师生关系中自主学习、合作探究。语文课上,学生合作学习生字,在字形记忆、儿歌记忆、组词记忆等交流过程中互教互学;数学课上,学生动手实践,"摆圆片""搭数墙""剪拼图",在小组操作、观察、探究中经历知识的发生、发展。

关注支持,是合作探究文化形成的动力。学校和大学研究者形成了强大的合作团队,不论身份,不分彼此,毫无保留,有的是共同的课题,共同的研究,共同的发展。如华师大博士生指导团,不仅有着深厚的理论功底,较强的指导能力、科研能力,而且有着很强的亲和力、责任感,给师生强大动力支撑。他们每周风雨无阻,从上午九点到下午四点,和教师一起进班听课,中午一起评课研讨,下午来到孩子们中间,参加各班探究活动,最后还要一起探讨分析课程的变化。

第二节 以文化建设凝聚变革精神力量

学校文化是学校全体成员共同创造和经营的文明、和谐、美好的生活方式,是学校核心价值观及其指导下的行为方式与物质形式的总和,包括学校精神文化、制度文化、行为文化和物质文化。学校文化是学校的灵魂,融含着办学理念的学校文化是学校一切教育活动的土壤,是教育机构赖以生存与发展的动力之源。学校文化建构的过程即是构建学校核心价值体系的过程,也是夯实学校长远发展根基的过程。从历史视角来看,学校在追求规模扩张与质量提升的同时,必然逐步走向学校的内涵发展,①并最终通过形成以价值观导向为核心的"文化场"来实现化人、强校。②

从当前中国基础教育改革的现实看,如何建设现代学校制度是当前学校教育发展的热点问题,③而在这一问题的追问和回答的过程中,学校文化建设是一个得到普遍认同的视角。正如华东师范大学叶澜教授所指出的那样,当代中国学校领导首先要有一种文化自觉,即意识到学校的文化精神,学校在当代中国社会的文化发展中的历史使命。这是由中国社会的学校文化建设与社会大文化复杂生态直接关联所决定的,也是由学校在文化继承和创新中的独特地位与功能决定的。我们把这一意义上的学校新文化建设称为学校大文化建设,把通常理解的校园文化建设称为学校小文化建设。尽管这两类文化建设相互沟通且都体现在学校之中,但是两者思考问题的立场与视角存在区别,对学生身心发展的意义和对教育者的要求也有不同。从大文化建设的视角审视学校变革,可以发现学校的文化建设被赋予了新的内涵与价值,即:当今学校文化建设十分现实和重要

---

① 周靖毅,王牧华.学校内涵发展的嬗变与路径选择[J].当代教育科学,2015(6).

② 雷芳.学校文化建构的基本路径与内在机理[J].湖南师范大学教育科学学报,2017(1).

③ 丁钢.学校文化与领导[J].全球教育展望,2004(3).

的任务,不是回避或以精神否定财富的方式来形成学生积极的人生态度,而是要从财富与精神、幸福人生关系的意义上,帮助学生形成健康、积极的人生观和生活方式。① 这意味着学校的文化建设不是单一的,而是以文化为手段催生的一种指向于学生幸福成长的学校系统变革。

学校文化建设,最主要的是学校文化管理,即从文化的视角管理学校。学校文化管理要侧重于体察师生内心,最大限度地调动每个人的激情,让学校成为师生的精神家园,②在御桥小学的发展与变革中,我们正是因为重视了学校文化的建设,重视了师生精神力量的激发与凝聚,才形成了推动学校持续发展的强大精神力量,也让师生的精神与价值在学校之中萌发、绽放。

走进御桥小学,可以清晰地感觉到,学校的设施基本上是相同的,学校的布局也难有天翻地覆的改变。然而,校园的一景一色,总融入了教育者的理想与情怀。在御桥小学,学校大厅是最显眼的地方。"这个最惹眼的地方,究竟放什么好呢?"我和我的团队在深深地思索。因为,这个"地标",既要有反映学校办学理念的"意韵",又要有可爱形象的"寓意",还要有让人欣赏的"美感"。于是,不大的大厅却撩起了许多情愫。这是对教育的一次追寻。学校最后决定:学校大厅柔和的中间处,铺上印有 8 只天鹅的地砖。学校此举的出"典"是:《本草纲目·禽》云:"鸿鹄通称天鹅,羽毛白泽,其翔极高而善步,一举千里,展翅凌云。"西方则以天鹅象征典雅、高贵、优美、纯洁。天鹅,取意洁白无瑕,寓意展翅高飞,寄托美好志向。

学校,是教育的场所,是学生学习、生活的地方;校园环境,

---

① 叶澜.试论当代中国学校文化建设[J].教育发展研究,2006(8A).
② 王定华.试论新形势下学校文化建设[J].教育研究,2012(1).

是教育的背景,也是一个大课堂。学校的环境,就是一个无声的
教育场,能潜移默化地影响学生的思想品德、行为方式和学习习
惯。御桥小学确立合作探究的校园文化,校园环境建设的理念
是"建文化校园,植成长之树",其目的是让优秀的品质去激励学
生的意志,让至纯的艺术去熏陶学生的灵魂,让快乐的探究去激
发学生的创造,让学校成为学生学习的乐园、精神的家园。

一、环境文化:以形象示人

一走进校园,你就会看见"筑梦御桥 斑斓时光",雕塑的主
体为"御界桥",也就是"御桥"地名的由来。桥下面是抽象的波
浪和水纹造型,描绘出了川流而过的河道以及桥在水中的倒影,
勾画了一幅宁静悠远的画面。桥上为男生和女生举起一片巨大
的荷叶,孩子的造型是由我校学生自己设计的吉祥人物,男生是
Y博士,女生是Q博士。欢乐的嬉戏画面与沉稳的的桥梁造型
形成了巧妙的互补和谐,既寓意了校名中"御桥"的厚重历史,又
点明了学校"共创每个孩子的幸福童年"的办学理念:学生正驾
驶着御桥小学这艘航船乘风破浪,扬帆起航,开展幸福、欢乐、多
彩的校园童年生活。

沿着校园右侧,走入"御章苑",花草丛中摆放着一组石头撰
刻的"御桥"印章,最大的主体印章为"篆书"字体,上下合页对
称,文字为"御风扬帆起,携手幸福桥",句子首尾为"御桥"两字。
含义是:御是一种行为,桥是一种跨越,行进中追梦,跨越中成
长,它蕴育着御小人团结协作、奋力拼搏,共扬梦想之帆,乘风破
浪前行;在勇敢探索中,共筑沟通之桥、友爱之桥,抵达真挚与幸
福的彼岸。其余小印章展现了"御桥"文字的不同字体,有"御"
字的甲骨文,有大篆、小篆、隶书、草书、行书和楷书字体。印章

沉稳,字体的逐渐变化、进步与完善,象征着学校也在不断的发展壮大,但是承诺不变,始终没有改变呵护师生共同进步的责任,即:"御风扬帆起,携手幸福桥"。

教育大楼右侧是"御花苑",它是一个景观区域,融合了小桥、水池、亭子、涂鸦墙等景物。首先映入眼帘的是"桥韵墙",它是分割运动场与御润桥的双面景观墙。面向御润桥的一面展示了学校各种"艺体科技类"拓展性社团和"浦东风情"探究型社团的主题,呈现了学校丰富多彩的课程。面向运动场的一面采用白墙灰瓦的江南中式风格,融入水和桥的文化元素,装饰有学校logo,办学理念、吉祥人物、城市剪影,可以作为背景墙,突出仪式感和阳光活力的校园风貌。接着是"童乐桥",它是以御桥地名的标志——"御界桥"作为设计素材,横跨水池南北,寓意新时代的学生行动、跨越、成长的含义;走过童乐桥,是一本翻开的大大的书页,上面篆刻了"御桥古今"的文字介绍,以润物细无声的方式,让学生行走在校园中即可了解家乡御桥的历史;最后是小道边一排"天文凳",它们的靠背采用宇宙天体轨道的造型,又似扬起的风帆,在学生休闲的同时,探索天文科普的奥秘。

走过"御花苑",来到"御智苑",园区中间的益智廊为主体,这是学生课外休闲,互动体验的场所。益智廊的设计融合了语文、数学、英语学习的元素,有国学诗词、算珠、英文字母等。廊架穿树而过,构成独特的回廊形式。中间这个棵树是"榉树",在古代有"中举"的寓意。园内还装饰了一组动物与英文字母相结合的创意剪影小品。学生们在这儿读读脍炙人口的古诗,动动快速口算的小脑筋,爬爬动物雕塑,钻钻算珠小圈圈,不亦悦乎。

沿着楼梯来到二楼魔方少年宫,城堡式的门廊和梦幻般走廊吸引着这孩子们的目光和脚步,引导着孩子们走进童话般的宫殿。学校少年宫分为德育魔趣区、探索魔创区、健身魔兽区、科技魔笛区、艺术魔幻区和生命魔力区等共 14 个场所,孩子们可以在少年宫里满足不同需求,开心体验学校"小小创客、妙笔生辉、青花韵味、毽球飞扬、魅力纸模、万国博览、线描绘画、乒乓国球、魅力戏剧"等特色课程,使自己的个性得到不同程度的发展。

二、班级文化:以内涵迷人

根据五个年级不同的年龄特点,各个年级、各个教室的文化布置也是各不相同,别具风格。

一年级的教室以欣欣向荣的绿色为主基调,呼应一楼的德育少先队主题长廊,从活泼但不失庄重的装饰中,让孩子们感受到小学与幼儿园的不同。教室后墙大块面积的书包、画板、书籍等卡通边框,把孩子们带入学习的氛围中;小苗苗、成长梯、星星火炬等,又让让孩子们认识儿童团,成为合格的苗苗团员,热爱祖国热爱党,向往少先队,培养好习惯,成为优秀的小学生。

二年级教室墙面活泼的粉色代表了二楼的快乐体育主题,阳光、运动、健康,是每个御小孩子的精神面貌体现。一座座金灿灿的奖杯、一块块亮闪闪的奖牌、一张张阳光般灿烂的笑脸,无一不记录着孩子们的汗水和收获。无论是传统的踢毽子、跳绳、武术,还是热门的足球、拉丁舞、跆拳道,你都能在走廊和教室找到这些运动的元素,它们激励着孩子们学习更快、更高、更强的运动精神。

在三年级教室里,明快的橙色会让人眼前一亮,思维跃动。望远镜、火箭、卫星、计算机、二进制码、机器人……这些充满现代感的图案都在告诉你:这里是橙色科技探索的世界。由孩子们设计创作的科技小制作、校园吉祥物、建模航模、探究版面等，向大家传达着学校在学生科学意识、探究精神、创新能力的培养上的不遗余力。

步入四年级，舒心的蓝色让你沉浸在艺术的海洋。美妙的音符里舞动着花鼓韵的婀娜身姿，古朴的灯光下青花瓷绘画和刨花作品韵味悠悠，精致的展台框里软陶和纸艺创作创意无限……四年级每个教室里，画笔、乐器、音符等元素随处可见，在蔚蓝色墙面的映衬下，似乎在告诉孩子们：艺术的海洋里，美无处不在，让我们用善于发现美的眼睛、善于聆听美的耳朵、善于感受美的心灵去体会。

五年级的教室分布在各个楼层，五年级的教室是多彩的。回顾小学生涯，这些临近毕业的孩子们感受了学校的多彩校园生活，感受到了来自师长的关心爱护和同伴的深厚友谊，懂得了感恩。学校将五年级教室打造成温暖多彩的"家"，记录小学生活的点点滴滴：入团入队仪式时的激动心情、体育节上挥洒的汗水、创新节上作品诞生时的成就感、艺术节上的欢歌笑语……墙面上记录的不仅是多彩的回忆，更是人生路上的无限可能、炫彩未来！

三、办公文化：以志趣激人

营造和谐奋进的办公室文化，对学校的发展有着极为深远的意义。学校办公室文化的建设，营造了和谐进取的氛围，提升了教师的职业精神。在办公室墙上，你能看到"敬业、勤业、精业""精诚合作，锐意进取"等一句句工作格言；在办公室最醒目处，你能看到一块块充满温馨的友情提示板，上面有学校工作提要、班级工作备忘、教师外出留言等等；在办公桌、墙角边则是一盆盆精心布置的花草盆景。这些不仅美化了环境,更是凝聚了大家的心。规范的办公室管理及星级文明组室的评选,不仅深化了教师的职业技能,更提升了教师的师德修养。

和谐温馨的办公室环境,融洽的教师合作团队,使大家的教育教学研讨更坦诚、更深入。在办公室教研中,大家不仅探讨教学设计,还深入班级进行实践研究。当发现问题后,提出改进意见,再到第二个班级实践。于是出现了一位教师到几个平行班执教的"走班制"教学和第二位教师在前一位教师基础上执教的"改进式"教学。在这种研究氛围中,教师的教学能力有了很大的提高。

注重言传身教,教师是一道风景线。教师既是校园环境的建设者,又是校园环境的教育者,他们的示范、榜样作用将成为学校一道流动的风景线。每个办公室里张贴着不同的教育铭言;每位教师办公桌上摆放着富有个性的工作格言;每间教室的门口公示着教师的"服务承诺书";每道走廊的墙上悬挂着"师生共同成长"的照片,教师的诚信服务、默默奉献形成了御小教师共同的价值追求。这为学校的可持续发展注入了新的动力和活力。

四、制度文化:以规范引人

现代学校制度是近年来社会各界尤其是教育界特别关注的话题。从现代学校制度的理论研究到实践探索,再到政策出笼,每一步都在社会上引起了较大反响,激起了人们浓厚的兴趣。对现代学校制度的研究和关注,应是一件具有积极意义的事情。构建符合当前教育实际和需要的现代学校制度,根除原有学校制度的弊端,对于改进学校管理工作和教育教学工作具有重要的现实意义。学校制度是指学校内部指导和规范各项教育活动、协调学校成员及内部各组织之间关系的规则体系。学校制度文化是学校文化的一个重要方面，它是指学校师生对学校某种制度或学校整个制度体系的价值判断和行为方式。① 从文化的角度审视学校的制度建设可以发现，其一，任何学校制度都是学校文化整体格局中的一部分。制度要在学校文化生态中发挥积极作用，需要与其他因素相互配合，让其融入到学校教育活动之中，成为推进学校变革机制的有机组成部分。其二，学校中的每一项制度都应体现教育真谛，学校制度应该反映学校文化的独特品质，关注到这些制度对发展主体行为方式的影响，尤其要关注具体行为方式背后的主体尊严，需要透视主体的自主意识和能力的现状与发展空间，透视行为背后的价值取向、默认假设及其与所在群体、学校、社区乃至整个社会的内在联系，辨析制度指向的教育活动及其变化的性质。基于这样的认识，在"合作探究"的学校文化体系，御桥小学注重学校制度文化的建设，力求通过制度的完善建构良好的合作管理机制，凸显学校管理的民主化、科学化和人性化意蕴。

学校内设机构合理高效，岗位设置符合上级部门相关规定；两校合并以来学校管理团队有机整合，明确分工，各司其职。按照"团结、务实、廉洁、高效"的要求，倡导"服务意识、示范意识、团队意识"，建强建好中层班子队伍，通过中心组学习、业务培训、专题讲座、项目引领等途径，努力提高班子成员集体议事决策和执行能力，在工作实践中，一支工作主动，运行顺畅，高效实干，凝聚力强，能引领教师队伍发展的中层班子队伍已经形成，

---

① 张军凤，张武升.基于师生本位的学校制度文化建设[J].中国教育学刊，2011(5).

在教师中有较高的满意度。

学校发展相关制度体系健全完备。在学校发展规划的引领下，依据学校发展实际，完善和修订了学校章程及配套规章制度，并修订成册，在原有的《服务承诺制》《合作开放制》《质量评议制》等制度的基础上，学校逐步制定了《合作参与实践校本教研管理办法》《星级文明组室团队考核办法》《年级组教学质量团队考核奖》《教师师德考核奖惩制度》《校内小高职称评聘办法》《校内骨干教师奖励制度》《教师请假、出勤制度》等，两校合并后又根据原先各自发展的不同实际，融合调整，在尊重差异、尊重民意的基础上，进一步全面完善和修订了学校绩效考核和绩效工资分配方案以及相应的配套制度。而一系列制度的出台都按规定走好民主程序，落实执行中做到规范有序、合情合理，不失人性化，得到了教工们的认可。

学校教代会制度齐全，各项重大事项反复讨论，召开各级各类座谈会，充分听取各层面教工的意见，校务会议协商，集体决策，全面深化和推进学校的民主管理，尤其在两校合并发展融合的过程中，紧紧依靠教代会，大力推进校务公开，充分发挥全体教工的主人翁精神，圆满完成绩效工资分配方案调整以及学校工会换届改选、校中层干部聘任、学校团支部改选学校大修方案设计等重大事项，确保了学校各项工作的顺利推进。

学校规范执行招生入学相关规定，坚持公开公平原则，确保区域内适龄学生享有均衡平等的入学权利。合理配备师资，均衡编班，不设重点班、实验班，严格学籍管理。学校建立健全资产管理制度，设施设备及专用教室管理有序，并认真落实严格执行。全力挖掘学校校舍及设施设备资源，最大程度地满足急剧增长的学生对学校教育教学活动的需求，校舍、教学仪器、设备配置,力争达到相关标准。不断加强师生的安全教育,定期组织安全演练。不断完善校园安全管理制度和相关应急机制,各项安全设备齐全,措施到位,学校无重大安全责任事故,保持"上海市安全文明校园"的殊荣。学校严格执行财务制度,收支公开,使用规范,按规定用足用好各项经费,切实保障生均公用经费、体育维持费以及图书经费的使用落实到位,确保教育教学及师生发展的需要。学校无乱收费现象,无小金库及账外账行为。

基于上述分析,御桥小学的制度文化建设将人文与科学相融合,以发展人的主体性、促进人的全面和谐发展、提升人的生命价值为目的,致力于形成学校特有的改革、发展、民主、科学、创新、包容的制度文化体系,为学校发展提供了相应的外部保障,也让"合作探究"的理念在学校管理与发展的各相关领域得到了很好地实现。

学校文化的内涵是丰富的,其核心应该是人的文化,这也就意味着对于御桥小学而言,文化的建设绝非仅仅停留在环境、班级、办公室、制度等层面,还应该体现在教师、学生以及与之密切相关的课程与教学等领域。在本书后面的章节之中,笔者将对上述部分内容进行专门论述,也会描述这些领域的文化建构,在此,不做赘述。

下文是笔者在 2009 年撰写的《文化引领,年轻学校追寻内涵发展》一文,该文集中体现了御桥小学学校文化的整体设计之道:

文化引领,年轻学校追寻内涵发展

文化是一种信念,一种思想,学校文化是学校组织成员共同形成的一种规范、信仰和价值观,它的形成需要一个比较长期的过程。御桥小学是 2002 年由北蔡地区四所村校合并独立的新校,办学时间刚满 6 年,文化的积淀少之又少。但近年来,学校的稳步发展引起社会各界的关注,教育督导破格升级,推荐参加五项区级课题研究,10 多次承担区级教学现场会,三次被推荐参加由浦东新区社发局教育处组织的中英教育评价、沪港合作办学、国际教学研讨交流发言。尤其在 2005 年,学校被推荐参加华东师范大学张华教授领衔的浦东重点课题"学校改进与教师专业成长计划"后,我们在行动研究中反复思考,学校的办学使命、核心价值到底是什么? 作为一所最普通的农村小学,面对社会最基层百姓的孩子,我们的学校教育到底要给孩子什么?我们该建设一所怎样的学校? 于是,我们有意识地追寻有个性的学校文化,努力构建由御小特色的以"和谐、进取、卓越每一天"为精神内核的现代学校文化,让它慢慢生根、发芽、结果。

一、孕育"诚信、奉献、创意每一刻"的教师文化

凝聚是基础。"校兴我荣,负重奋进,用我们的艰苦拼搏和创业,彻底改变薄弱农村小学的形象",这是全体御小人逐渐形成的共同价值观。目前,我校在校教工 65 名,6 年中,我们欢送了 32 名光荣退休的老教师,引进了 34 名中青年骨干,营造艰苦创业、海纳百川、同舟共济、和而不同的校园精神是凝聚这支队伍、实现学校稳步发展的关键。"恳谈会""生日餐""表彰会""庆功宴"等小型多样的活动让新老同仁彼此尊重理解、沟通合作;星级组室评比、校刊教师心语、感人事迹传诵等活动,逐渐增强教师的责任感和使命感;心中好老师、师德好标兵、三八红旗手等荣誉表彰,进一步激发御小团队的战斗力和创造力,教师们对教育有了更深的理解,对学校发展有了更美的憧憬。

发展是根本。"学会爱、敢负责、讲诚信、善合作、求发展"是我校的办学理念,因为爱与责任是做人之本,诚实守信是立身之基本,合作发展是教育之源。塑造一支具有人文素养和精神感召力的合作型、学习型、发展型组织是学校内涵发展的核心。我们倡导教师要做儿童研究者,倾听学生的心声,了解学生的需要,赏识学生的作品,尊重学生的创造;我们鼓励教师做课程开发者,一个故事、一个情景、一个活动、一间教室,都需用心营造师生、生生的民主、合作、探究的学习时空;我们要求教师勇做教学实践者,在一次次的听课评课、研究描述中形成教育理念,掌握专业技能,在感受师生共同成长的过程中感悟教育的真谛和价值。

诚信奉献创意是追求。我校提出"需求评价"的理念,坚持每学年向家长公开承诺,鼓励教师用诚信服务、优质服务、满意服务回馈家长,追求家庭教育、学校教育的和谐互动;坚持周一的校本教研,鼓励教师全员、全程团队学习,追求"坦诚互学、合作共享"的教研文化;坚持聚焦课堂,在"课堂四重建""教学四开放"中,鼓励教师坚持与自己对话、与同伴对话、与学生对话,追求"探究合作、创造发展"的课堂文化;坚持课题行动研究,鼓励教师开展案例描述研究,追求科研兴校,让科研兴师。诚信服务、默默奉献、激情创意每一天已逐渐成为御小人追求的精神品质。

二、培育"健康、快乐、共享每一秒"的学生文化

我校学生大都来自平民家庭,如何让他们公平享受优质的教育?如何让学生摆脱自卑心理,自信自强走向未来的人生?我校提出"共创每个孩子美好明天"的办学使命,学校教育也逐渐从知识传授与技能培养,转变为让学生在合作、探究、创造中掌握为人处事的基本能力。为此,我校课程改革提倡关注科学、关注自然、关注生活、关注自我,让研究性学习常态化,努力为学

生提供丰富、系统、科学的课程资源,希望通过 5 年的小学学习生活,御小的学生在健康、快乐、共享每一秒的学习生活中,初步形成爱生活、会感恩,爱学习、会思考,爱合作、会竞争,爱探究、会创造的人文素养,希望校园的一个个精彩瞬间能留在孩子们童年的记忆中,激励他们自信、阳光地面对人生、对待生活。

课堂是快乐学习的主阵地。我们鼓励学生自主学习、合作学习、探究学习,让课堂活起来,使学生动起来。语文课上,低年级学生自主合作学习生字,在字形记忆、儿歌记忆、组词记忆等交流过程中互教互学;数学课上,学生动手实践,"摆小圆片""折对称图""搭正方体""拼七巧板",在操作、合作、观察、探究中经历知识的发生、发展;英语课上,学生们快乐对话,自由表达,在师生生互动交流中提高英语交际表达能力;体育课上,学生们走队列,编游戏,玩铁环,搞创意;美术课上,一个个可爱的"南瓜娃""青菜脸"等创意诞生了。

社团是共享合作的好舞台。学校鼓励学生自行设计、组织、协调、主持、评价艺术节、体育节、科技节、六一节、读书节等大型活动,让队员参与组织、分工合作。每周一节社团课,保证全校884 名学生人人参与;"跳踢拍运动社""浦东说书表演社""电脑光标社""科技社"等十几个校级社团坚持日常训练,让学有余力的学生不断发展。"合作体育节""六一快乐园""探究展示日""社团小擂台"等展示活动,全校 100% 学生热情参与;"班级文化大比拼""瞬间录像大回放""探究网页大搜索"等比赛,100 多个探究小组磨拳擦掌,大显身手,校园变成了师生、生生共同合作、共同创造的乐园。

探究是走进社会的大本营。学校充分利用学校周边的社区资源,如华东地区最大的农产品批发市场、垃圾焚烧场、御桥相公殿等御桥地区特有的自然景观、家乡特色,开展主题探究活动,让队员们在争论磋商、协调互助中达成共识,感受合作的快乐和成果。教师有意识在指导学生选择课题、制定计划、分组调查、收集资料、成果展示、互动评价中,通过指导学生关注生活、关注社会,开展学生喜爱的主题探究活动,让学生在合作完成课题探究的过程中,学会分工协调,学会交往应变。

活动是学做合格公民的大课堂。结合各种主题教育活动,如民族精神教育、荣辱观教育、生命教育、行为规范教育等,让队员在自我设计、组织、教育中共同参与策划、组织教育,学会关爱感恩,学会内化自律。利用每年一度的三八节、六一节、教师节、国庆节等,组织学生开展争章活动、访谈活动、亲子活动、感恩行动、微笑行动等,让学生在交流、沟通、设计、组织的过程中,逐渐形成正确的道德观、价值观。

三、营造"求真、向善、育美每一处"的环境文化

我校环境文化建设的理念是"建文化校园,植成长之树",我们希望优秀的品质能激励学生的意志,至纯的艺术去熏陶学生的灵魂,快乐的探究来激发学生的创造。针对学校布局散、面积小的现状,我们尽力将环境文化的情景观赏性与教育艺术性融为一体,让真、善、美洗涤学生的心灵。

校园文化有规划。走进校门,绿色长廊让人感受教育的和谐春风,两块金色浮雕《心中有祖国》《快乐的生活》,让每天进出校园的师生、家长感受素质教育的理想和理念,激励学生要争做学习活动的主人;走上小桥,德育长廊夺人眼球:奥运冠军、民族英雄、神州飞人等宣传画面,让学生感悟伟大的民族精神和民族气节,激励学生从小立志做个了不起的中国人;连接三幢教学大楼的"艺术走廊","学生七彩画廊"和"名家名画书廊"前后衔

接,交相辉映,激励学生自信自强、勇攀高峰;楼道口、墙面上一幅幅大型师生活动照片,反映着校园丰富的学习生活,真切体现着和谐、民主、平等的师生关系;而新开辟的以合作探究为特色的"快乐探究百问墙",全校学生自我征集、自我设计、自我解答,成为校园文化的一大亮点。

教室文化显个性。教室是学生学习活动的主要场所,创设一个个学生喜爱的、有个性、既轻松愉快又充满竞争的温馨家园是我校教室文化建设的理念。为了让看似没有生命的教室活起来,充分发挥其人性化的育人功能,我校 25 个班级 950 师生合作设计"涂鸦角""心愿墙""信息窗""成长树""评价园",用文字、照片把学生前进的脚步、奇特的思想和美好的行为加以彰显;"科技角""生物苑""探究角""袖珍书屋"等是学生自我设计、自我管理、自我休闲的小区域。教室是我家,巧手布置显个性;教室是港湾,心灵交融汇真情;教室是赛场,你追我赶攀高峰。一间间教室展现出全校师生追求真善美、放飞生命快乐、涌动幸福成长的生动画面。

四、建立"科学、人文、规范每一项"的制度文化

学校要实现持续稳定的发展,尤其是一所基础薄弱的发展新校,建立科学、规范、高效的管理制度极其重要,让制度的出台变为凝聚人心、专业发展的契机,借助制度的实施充盈人文关怀,让刚性的制度成为准则约束,更成为导向和激励,让有序的制度文化变成发动机、风向标、平衡器,真正推动并带领教师和学校的互动发展。

和谐价值观是核心。我校教师团队的朴实、敬业有口皆碑,团队的真诚、和谐成为吸引每一位新调入教师的最大力量。于是我们确定了师生和谐互动发展的愿景规划,校务会、教代会、

党员会、教师会、骨干会、家委会上,我们自上而下、自下而上反复讨论、研究,学校的办学思路日渐清晰,让团队在合作的自我建构中确立"和谐、进取、卓越每一天"的御小文化。

规范制度是导向。教师是学校发展的关键,分析我校的师资队伍,个体水平不高,团队综合实力不强。为此,近年来借助课程改革,抓住校本教研,聚焦课堂教学,立足行动研究,提倡团队合作但鼓励教师竞争,提倡整体发展但鼓励个体冒尖。为开展现代学校制度建设,我校制定教育服务承诺、教育合作开放、教育质量评议三项制度,让家长参与学校的管理、评价,让家校的合作互动变为教师专业提升的自我需求;为让合作反思、研究创造变为教师日常工作的主要方式,我校推出"校本教研管理办法",让实践反思、同伴互助、专家引领成为教师的职业生活方式;为鼓励教师扎根农村教育,我校制订了"偏远农村小学骨干教师评选条例""校内小学高级评聘制度",在维护教师尊严的同时,激发我校教师扎根御小的责任感、使命感。我们还相继出台"研究型课程管理细则""学生社团管理办法""快乐中队创建细则"等10多项管理制度。制度的出台、实施,激励广大教师用作为争地位。目前,学校仅有中学高级教师2人,但拥有新区学科带头人、骨干教师7人,校级骨干教师21人,大专学历60人,其中本科学历29人,相信,未来的队伍建设还有很大空间。

文化的形成需要长期的积淀,对于御桥小学,一所刚进入良性发展的新校,学校文化建设还刚刚开始。发展是硬道理,有发展压力就有新旧目标的冲突,有复杂冲突就意味着学校新愿景的确立、学校新文化的孕育,御桥小学就是在变革发展中追寻学校的精神和文化。五年、十年、五十年,我们期望"和谐、进取、卓越每一天"能成为御小文化的象征,让它如涓涓细流入师生的心田,让教师诚信、奉献、创意每一刻,让学生健康、快乐、共享每一秒。

第三节　以科学规划引领学校内涵发展

教育活动是一种有目的、有计划、有意识的社会活动,学校发展规划正是这种目的性、计划性和意识性的最核心体现。众所周知,办学思想也好,办学理念也好,只有真正转化为现实的教育行为,才能真正起到提升办学质量、促进学校发展的基本目标。而随着人们对教育教学理解的日渐深入以及对科学谋划教育发展的日渐重视,学校发展规划的制定逐渐成为普遍受到认可的、有效的从办学思想到办学行为转化的桥梁。

一、学校发展规划的内涵与价值

从当前中小学教育改革的现实情况看,"学校发展规划"正成为中小学提高综合办学水平与教育教学质量的一项重要工具。然而,如何实现"学校发展规划"对学校自主发展的引导价值则是需要深入探讨的问题。探讨的基础就是形成对学校发展规划内涵与价值的清晰认识。

(一)学校发展规划的内涵

就目前查找到的资料来看,关于"学校发展规划",学术界并没有形成统一的认识。英国的哈格里夫(D. H. Hargreaves)和霍普金(Hopkins)是较早明确而系统提出"学校发展规划"(School Development Planning,简称 SDP)这一概念的学者。他们于 20 世纪 80 年代后期开始,在英国中小学积极倡导并推进学校发展规划运动,并于 1991 年出版了《被授权的学校:发展规划的管理和实践》一书,系统地阐述了学校发展规划的理论与实践。在他们看来,学校发展规划是为了学校的发展、管理变化而采取的必要行动,是对学校发展过程进行描述且更为规范化的一种解释,是施加给学校的一种具有创造性的革新方式。

随着教育改革的深入,学界对于学校发展规划的认知开始变得丰富,从现有的研究与实践看,当前,学校发展规划已成为改进学校管理、规划学校课程、提高教育教学质量的重要途径之一。学校发展规划作为学校发展指导性方案,有利于建立和完善校本管理机制,促进学校自主发展。作为一种为改进学校教育教学质量而进行的管理行动和过程,学校发展规划通过对办学理念、学校发展目标和存在问题等要素的剖析,指明学校的共同愿景和发展目标,并引领学校共同体成员逐步落实各项既定计划。学校发展规划不仅仅是一个静态的"文本",更是一种动态的实践活动过程。① 这一系列基本认知已经越来越成为理解学校发展规划这一概念的共识。从这种共识出发,可以认为,学校发展规划既是一种学校管理方式的更新,又是通过学校共同体成员来制定和实施学校发展综合性方案的过程,是为学校发展提供支持能力,并不断探索学校的发展策略,持续改进教育教学质量而进行的管理行动。② 正如有学者指出,"学校发展规划不仅仅是学校发展方案,它还是创制发展方案并确保这一方案产生效果的活动或过程。"③

从基本的概念出发,理解学校发展规划应该注意把握其基本特征:学校发展规划是一种学校管理理念的更新;学校发展

---

① 闫龙.学校发展规划制定和落实中的问题与分析[J].国家教育行政学院学报,2011(4).
② 楚江亭.学校发展规划:内涵、特征及模式转变[J].教育研究,2008(2).
③ Tony Bush & Marianne Coleman. Leadership and Strategic Management in Education[M]. London:Paul Chapman Publications Company, 2000. 68-78.

规划是一种系统的学校管理方式;学校发展规划是持续行动的过程;学校发展规划注重主体性,关注学校的内在发展;学校发展规划强调广泛参与、自下而上、责任分享。把握住这几个关键特征后,就能够对学校发展规划形成全面的理解与认知。

(二)学校发展规划的价值

众所周知,学校发展规划在一个学校的发展过程中是具有方向性、引导性的,好的发展规划能够充分调动各方面的积极因素、获得广泛的认同,并使一个学校的师生员工在实施发展规划的过程中,能自觉围绕其所要达到的目标开展各项工作,并通过定期地讨论、反思和评价来完善发展规划,改善学校的管理工作,同时促进社区关注并支持其健康发展。具体而言,学校发展规划的制定,具有三个方面的重要意义:

1. 学校的发展需要对学校发展进行规划

长久以来,我国基础教育阶段学校的发展,在发展方式上主要以自上而下、大规模、集体性的改革行为为主,在内容上以办学条件的完善、教学方法的探索、课程改革的推进为主。这自然是学校发展重要的内容,也是我国基础教育改革具体历史条件所限。而从当代中国学校变革的走向来看,学校发展的方式需要更加关注学校自身的特点,需要强调学校发展内动力的唤醒,需要不断形成和强化各学校的办学特色,学校发展的内容将更多倾向于以学校办学思想的提升、学校中师生日常生存方式的完善为主,在改革的路径上更加强调研究型改革实践的价值,以此整体提升学校教育的现代品质。而这一发展方向,需要改变完全依据上级领导指示、按部就班管理学校的思想,需要改变日复一日重复性的日常工作方式。在这一背景下认识学校发展规划,它就是学校立足自身基础和发展可能,自主规划学校发展方向并付诸实践的过程,办学思想的明晰、自主性和积极性的发挥、基于自身发展基础的保障,都内含其中。因此,学校的内涵发展、富有意义的自主发展,需要对学校发展进行规划。

2. 学校中校长、教师的发展需要学校发展规划

校长、教师是学校发展中重要的、承担责任的主体,但同时也是学校发展重要的目标群体。而且,从发展的具体内涵来说,校长和教师的发展不仅仅是"专业"发展,而且应该是其生命的成长,包含着思想、观念、价值取向、思维方式、行为方式的一系列更新。校长和教师的发展,尽管可以通过外出考察、进修、听报告等方式来促进,但从根本上说,是不能脱离学校发展的,而是恰恰需要并且可能在学校变革的过程中实现。可以说,学校整体的、局部的发展,都是通过立足于特定主体的工作,并对这一主体的发展产生影响的;学校发展本身,是学校教育主体的发展资源。因此,对学校工作的规划,在一定意义上就是对特定主体在学校发展过程中之自我发展的规划,这种规划对于校长更深刻地思考和设计学校发展思路,对于教师更有效地促进自我专业发展,都具有极为现实的意义。特别是对于一所学校的校长而言,合理规划学校发展不仅是体现其领导力的重要内容,也是校长专业标准的题中之义。校长专业标准要求每一位校长重视学校发展规划,校长在规划学校发展的过程中,同时要以专业信念与品质构筑学校的组织愿景,以专业知识与方法规划学校的未来发展,以专业能力与行为提升学校发展规划的水准。

3. 整体的、宏观的学校教育系统的变革需要对学校发展进行规划

每一个独立单元的学校变革并非仅仅对学校和学校中的人的发展有意义,同样会对学校教育系统的变革产生重要影响。

我们可以看到,整体学校系统活力的获得,恰恰在于系统内部各子系统活力的焕发。复杂科学告诉我们:复杂系统的演化,就是由一个个平行发生作用的"作用者"相互竞争而缔造,"这些复杂的、具有自组织性的系统是可以自我调整的……它们积极试图将所发生的一切都转化为对自己有利"。因此,每一所学校的自主、积极、创造性的发展,恰恰在为学校教育系统的更新提供着资源、能量和可能的道路,恰恰在以独特的方式支持着学校教育系统的变革,而不是与学校教育系统的整体变革相矛盾。①

鉴于此,我认为,学校发展规划的内在价值不在于完成上级的督导,不在于应对上级的评比,而在于对学校发展、对校长和教师发展、对学校教育系统变革的内在价值。它不应该是外力驱动的产物,而更应该是学校"自己"的需要和"自己"的改革实践本身。学校办学理念的落实,有赖于学校持续不断的教育教学变革,有赖于校长领导作用的有效发挥和教师队伍的专业发展,有赖于学校自身的内涵式发展,而通过本节的论述,我们可以明确的是学校发展规划的制定对于上述影响学校办学理念落实的诸因素都具有极为重要的现实意义,由此,我们可以认为,在促进学校办学理念想办学行为转变的过程中,我们没有理由不重视学校发展规划的制定。

二、学校发展规划的制定与达成

学校发展规划对于学校变革的价值已经得到共识,一项大样本调查显示,学校发展规划能够对学校的管理理念与行动产生积极影响,也能提高社区、家长等参与学校管理的积极性。正

---

① 李家成. 论学校发展规划在学校变革中的价值实现[J]. 当代教育科学,2004
(16).

是因为对学校发展规划多维度重要价值的深刻认识,在御桥小学的发展历史上,我们非常注重通过科学的发展规划的制定来引领学校的整体变革。近年来,学校以"合作探究"文化建设为抓手,坚持"共创每个孩子的幸福"的办学理念,坚持制度管理下的人文关怀,让教育变为引领和服务。近五年来,学校规模快速增长,特别在2014年两校合并后,面对这样的态势,学校班子分工明确、各司其职、互帮互撑、勇于担当,用作为赢得了教工的尊重和信任;学校完善制度管理,规范民主程序,坚持重大事项集体商议决策,依靠教代会推进校务公开,在规范运作中又尊重校情灵活变通,促进学校健康发展。学校开展家长督导日活动,坚持需求评价,鼓励家长走进学校献计献策,为学校可持续发展打下了坚实的基础。在这样的基础上,如何系统总结过去五年的发展优势,直面学校面临的现实问题与挑战,推动学校新一轮的内涵发展成为学校管理者和师生都普遍关注的重要问题。在深入分析学校发展基础条件、内外环境以及优势与不足的基础上,学校集合全体教师的智慧,对学校新一轮的发展进行了谋划,通过规划进一步明确了学校的办学理念与价值追求,也为未来几年学校教学、管理、德育、文化、队伍等领域的建设提供了基本遵循。

(一)发展理念与目标

办学理念:共创每个孩子的幸福童年。它蕴含三层意思:一面向全体,为了每个孩子的健康成长。二关注生命,教育要顺应孩子天性,为孩子幸福人生奠基。三强调合作,教育要形成合力,实现学校、家庭、社会三位一体的育人格局,在合作中创造孩子幸福成长的时空。

学校发展目标:以"共创每个孩子的幸福童年"办学理念为指引,以"深化合作学习,共创师生幸福"为实验主题,重点开展和而不同校区管理体制创新、六彩魔方课程建设、以学定教课堂转型研究、合作学习型教师建设、合作探究文化建设等工作,立足内涵发展,形成办学特色,争创在区署同类学校中能发挥示范辐射作用的、师生幸福与家长满意的优质窗口学校。

教师发展目标:以新区教师专业发展学校为准绳,通过服务承诺、读书漫谈、项目推进、师徒结对、课程开发、高位培养、学生评价等工作实施推进,建设一支师德高尚、结构合理、乐教精业、合作共生的学习型、反思型教师团队。

学生育人目标:通过五年的御小生活,让每位学生努力成为"讲礼仪、乐学习、善合作、有情趣、敢负责、能创新"的幸福少年。

（二）主要任务与实施

1. 学校管理

指导思想:学校管理的根本目的在于激发人的潜能、促进人的发展。在未来四年中,学校以"深化合作探究共创师生幸福"为目标,探索一套班子集中领导,校区条线交叉管理,师资队伍合理流动,课程教学同步实施,智能管理减负增效,文化内涵日益彰显的管理机制,让学校两个校区的师生都能有强烈的幸福感、荣誉感。

发展目标:调整学校管理机构,进一步完善管理制度体系,通过垂直管理将重心下移到五大处室、十大年级组,强化主动意识、责任意识和校本意识。校长室要创新开展以专业交流为特征、师生自愿参与的多种形式有品味的项目活动,落实"人成自主,群贵合作"的团队文化,激活责任与领导意识,增强学习与研究意识,提升策划与推进意识,形成创新和品牌意识,学校创造条件齐心协力为共创师生幸福成长的精神家园而努力。

主要举措：建立自评机制；调整管理机构；加强民主管理；创新智能管理；营造环境文化。

2. 学科教学

指导思想：围绕学校育人目标和上海市小学课程评价标准指南，结合"以学定教的课堂转型研究"，确立以目标达成为导向的课堂教学模式，培养学生在课堂学习中会倾听、能合作、爱阅读、乐探究的能力，提高教师的团队合作、学习反思意识，提升教师的职业认同感和幸福感。

发展目标：按照既有的教学制度，深入推进教学五环节的流程管理，进一步完善目标性、过程性、终结性评价方式；通过"以学定教的课堂转型研究"项目，从项目组先行先试，通过四年努力，争取培养出一批学习型、研究型特色教师，通过实践总结、示范辐射，形成以学定教校本教学经验，从而带出若干个先进教研组，最终基于课程标准的教学要求，探索出一套《御小各学科学业质量评价细则》，真正为学生终身学习奠定基础。

主要举措：深化教学五环节；开展"以学定教"研究；优化教研组能力；实施管理精细化；完善学科评价体系；争创艺体科技特色。

3. 课程科研

指导思想：学校将教育科研作为促进教学质量提升的不竭动力，聚焦常态下的课堂教学改革和课程建设，一方面提升教师的科研意识，将办学理念、育人目标作为科研的出发点，另一方面用课程统整思想做到三类课程的相互衔接和补充，开发出形成具有御小特色的课程群，以此促进学生核心素养的提升。

发展目标：以区级课题《"六彩魔方"学校课程计划的构建与实施研究》和校重点课题《小学以学定教的课堂转型研究》为抓手，通过读书交流、课堂观察、校本教研、叙事故事等形式，让教师学会实证研究,从而培养一支中青年科研骨干队伍,以此整体提高教师研究儿童、研究教学的水平,用丰富多元的课程实现学生全面的发展。

主要举措:确立重点课题;建立激励机制;建构课程体系;开发校本教材。

4. 德育活动

指导思想:将"共创每个孩子的幸福童年"作为育人根本,依据未成年人身心成长的特点,尊重、贴近学生的思想、情感和社会发展实际需求,注重学生多元能力的发展,通过主题教育、学科渗透,开展有针对性、实效性、儿童化的德育活动,营造良好育人氛围,让学生在御小度过幸福快乐的童年生活。

发展目标:抓住两纲教育的精髓,围绕"德育灵动魔方"课程,将德育主题教育、少先队活动和德育学科渗透,进行科学设计、有效开展。特别要关注学生发展中的个体差异和班集体建设中的个性差异,提高德育活动的趣味性、科学性、教育性和实效性。

主要举措:推进两纲教育;加强队伍建设;创建全员育人格局;加强行规法治心理教育;完善温馨教室建设。

5. 队伍建设

指导思想:学校以办学理念为准绳,将"博爱、求真"校训和"合作探究"文化内涵贯穿在教师队伍整体提升中,加强各类读书学习、教学研究,培养一支骨干教师、学科带头人队伍,建设一支豁达向上、业务精良、勇于创新、精干高效的、能适应学校教育改革和学生成长需求的优质教师团队,保证学校办学水平持续提高。

发展目标:作为教师专业发展学校,要常态开展师德师风系列主题活动,创造性开发校本培训系列课程,以《"六彩魔方"课程研究》和《小学以学定教的课堂转型研究》为抓手,营造"合作学习,反思研究"的教师文化,通过学校自培、专家指导、课题研究、项目实验、外出挂职等形式,全面提高教师的专业素养。进一步加强骨干、名师、高级教师培养的力度,力争培养上海市名师1—2名,区学科带头人和骨干教师占教师总数10%以上,校级骨干教师占教师总数30%以上。高级教师职称比例提高到教师总数的5%。

主要举措:加强师德教育;构筑专业成长通道;抓好几支骨干队伍;关注教学研究能力。

6. 后勤保障

指导思想:牢固树立"以人为本、服务育人"的思想,着力推进教育教学专用活动场所和基础设施建设,完善各项安全机制及保障措施。增强后勤保障人员的责任心,全面做好教育教学的服务保障工作,为御小创建安全优美雅致现代的、师生幸福工作学习的校园环境。

发展目标:挖掘现有的内部资源进行合理布局,以应对学生数大规模超额下教育教学活动的正常需要,改建学生专题教育活动场所和教师办公区域的软硬条件。进一步健全各项安全保障机制,维护在校师生身心安全健康,保持上海市安全文明校园称号。借助外部资源,优化校园环境建设和文化内涵建设,争创上海市花园单位称号。

主要举措:完善安全工作机制;合规使用资产经费;建设校园文化环境,保障师生身心健康。

(三)相关机制与保障

1. 组织和自评

学校建立规划实施领导小组和规划实施工作小组。由校长任组长,规划实施工作小组下设学校管理、学科教学、课程科研、德育活动、师资队伍、后勤保障 6 个分小组，并分别制定部门的四年规划。学校要建立自评机制，结合绩效考核、干部述职、教师考核等情况进行年度自评和总结，及时监控规划目标达成度并予以整改。党支部发挥政治核心作用和教代会的监督保障职能，对四年发展规划的推进实施全程管理和监督。各年级组和学科组按照规划和年度计划，人人参与，全程落实，开展年度条线自评和教师个人自评。

2. 学习和宣传

组织全体教师学习四年发展规划，特别对规划主题的理解、办学理念、教师发展目标、学生育人目标和学校发展目标要给予理解和支持，促进全体教职工更新观念，在教育教学中理解并践行。特别是校领导、中层、教研组长等要把握规划内涵和改革要点，并主动将规划精神具体转化为日常工作行动，全校上下齐心一致，朝着规划引领的方向实践、发展和提升。

3. 资源和经费

学校为保障四年发展规划的顺利实施，学校要调整经费使用结构，争取专项经费投入在改善校园环境、设施设备上，要有专项经费予以对教学研究、教师培训、学生活动等方面的投入；并争取学生家长、社区等大力支持，加快规划落实和学校发展的进程。

【本章启示】

从"教育工作者"到"教育创业者"

学校教育的变革总是与时代的发展息息相关，当今时代是一个 VUCA 的时代，这是四个单词的首字母：Volatility，Uncertainty，Complexity，Ambiguity，即波动性、不确定性、复杂性和模糊性。简而言之就是,周围的一切变化得越来越快,越来越不可预测。在这样的情况下,我们的学校教育不能再固守陈规,用 19 世纪的体制,教 20 世纪的知识,让学生去应对 21 世纪的挑战,推动教学与管理理念的变革与创新是时代发展的必然选择。如何推动学校的创新和发展,关键的因素是人,也就是校长和教师。处在急剧变化时代的校长与教师,应该摆脱"教育工作者"的固有职业认知,树立起"教育创业者"的理性认识,因为,只有校长和教师真正把自己视作教育创业者,他们才能够深刻感受到当今时代学校教育变革的紧迫性和必要性,才能主动思考、主动实践、主动创新,在学校教学与管理的实践中不断推陈出新,才能适应时代发展对教育的需求,才能在急剧变革的教育环境中实现自我的价值。

第二章 人才培养——架设每个孩子的成长阶梯

现代教育与现代性密切相关,是人类在迈向现代化进程中逐步适应挑战与努力突破的进步方式,在韦伯(Max Weber)的概念中,正规的学校教育便是现代化进程的重要标志。现代学校教育赋予了社会成员更多的能力,拥有了更广阔的发展空间,参与了更为复杂的社会活动,无论是对个体发展还是社会发展来说都促进了其内涵的丰富和外延的扩展。从这个意义出发,育人应该是学校理所当然的核心价值与使命。《国家中长期教育改革和发展规划纲要(2010—2020 年)》提出了"优先发展、育人为本、改革创新、促进公平、提高质量"的工作方针,其中"育人为本"是一个重要的理念。育人为本教育思想的提出是一次深刻的教育思想变革,是一次全新的教育理念创新,更是一次划时代的教育实践行动。育人为本就是要以为每个学习者提供公平的受教育机会,满足每个学习者的学习需要为出发点,以学习者为教育主体,充分挖掘和发挥每个学习者的学习潜能,为每个学习者乃至一切人的自由发展提供条件,在教育发展中以满足人的需要、扩大人的能力、提升人的自由个性发展、实现人的全面发展为教育的终极目标。而要实现这样的目标,作为教育的基本单位,学校应该明确改革与发展的学生立场,坚持以人为本的教育理念和办学理念,以发展人的潜能、满足自我实现需要作为教育的最高目的,强调个体的独特性与珍贵性,通过育人方式的整体优化关注学生优良道德品质的生成和全面发展素养的培育。

第一节 弘扬学校教育的学生立场

学校教育活动的开展和育人工作的达成必然有一个思维和行为的出发点,这个出发点就是学校教育的立场问题。立场,是认识和处理问题时所抱的态度和所处的地位,即你是为谁的。不同的立场,表明了不同的态度,影响着甚至决定着处理事物的方式和结局。

一、如何理解学校教育的学生立场

人是一种生命的存在,学校教育是直面人的生命、通过人的生命、为了人的生命质量的提高而进行的社会活动,是以人为本的社会中最体现生命关怀的一种事业。学校教育对个体生存方式的形成,有着潜移默化的作用。在学校教育中,校长、教师在教育教学过程中如何对待学生,学生就会如何对待自己的学习和生活,并且在日后更倾向于那样地生活。而校长、教师在教育教学的过程中秉持怎样的立场,显然对其教书育人行为有着直观的影响。坚持以学生的成长作为设计和实施一切教育活动的出发点和归宿,以是否促进或者说有利于学生的主动健康成长作为衡量一切教育行为的道德尺度,是当前教育者函待坚定的立场,也是教育的基本立场。

教育的立场应有三条基准线:教育是为了谁的,是依靠谁来展开和进行的,又是从哪里出发的。毋庸置疑,教育是为了学生的,教育是依靠学生来展开和进行的,教育应从学生出发。这就是教育的立场,因此,教育的立场应是学生立场,学生立场鲜明地揭示了教育的根本命题、直抵教育的主旨,也为学校任何领域的变革提供了根本的逻辑起点与价值遵循。

教育是关于人的学问,教育的原点是育人。然而,在许多研究与实践中,学生仅处于"形式上的存在",或被作为政治、经济、社会目的的实现工具,或被视为成人的附庸。结果,被承载外赋功能的个体困于教育之中,个体、社会都未能完满。因此,在推进教育变革的过程中真正弘扬学生立场已经成为事关学生幸福和教育改革成败的关键性问题。学生立场是学生主体地位派生出来的概念,是学生发展的逻辑起点,也是教育研究与实践所应秉持的思想基础。学生立场是点,藉由该点,需要完成基于学生立场的教育理念与实践超越。

(一)学校教育要充分尊重学生和唤醒学生

基于学生立场的教育超越,要在尊重学生的基础上唤醒学生。这意味着要尊重学生人格、自尊心和个性,尊重学生的过去、差异和未成熟状态,面对学生要有生命的敬畏与关怀。教育各主体间是"我与你"的关系,进而形成"我们"。教育不能局限于他者立场的学生,局限于学生成绩,局限于个别学生,无论什么样学生的发言或行动都有其自身的"逻辑世界",这意味着教育要藉由学生体认与参与,以认识客观世界、认识他人世界与自我世界,获悉人类文化的基本素养,学会与人共处,学会自我精进。这意味着要遵从学生的逻辑世界,以发展的、动态的、持续的过程性思维来看待学生的终极性发展与暂时性表现之间的关系。这意味着要唤起学生内在发展的驱动,点亮生命的光点,激发其内在苏醒力,通过学生自我内在超越性的诉求与自我更新的动力获以发展。

（二）学校教育要把学生真正当作学生

基于学生立场的教育超越，要把学生当作学生。"把学生当作学生"意味着不把学生作为"小白鼠""待哺的羔羊""罐装容器"，而把学生视为发展过程中不断成长的人，以他们的实际情况为基础，尊重发展规律，协助和指导学生慢慢成长。学生不是被动接受知识的对象化存在，不是羸弱的需要保护的对象或者成人的缩小版，也不是为了实现外在所指功能的物化工具。作为学生，他们从各式各样的家庭中来，携带着个人史的痕迹，携带着诸多发展的空间与可能以及作为人自身的局限，携带着走向未来的先在基础与超越之可能。基于学生立场的教育超越要遵从学生的天性、社会性和特性，教育要以可塑、过程、发展、关爱的视域来看待学生，把学生从资料中、从被动的对象中、从动物性存在、片面化的人、物化的人等中解放出来。

（三）学校教育要回归促进学生发展的价值要求

基于学生立场的教育超越，要回归教育本义——发展学生。教育的本义是：引出、向善。[①] 学生立场的教育就是要与学生一起从蒙蔽的状态中走出，藉由合适的活动实现道德人格、健全人格、社会人格。学习是从个体出发，经过与同伴的合作，再返回到个体的学习。学习是从身心向他人敞开，接纳异质的未知东西开始的，是靠"被动的能动性"来实现的行为。基于学生立场的教育超越，不是对学生的纵容与流放，不是为了即刻的表现或成就，不拒斥知识、不对抗社会、不对立于教师，而是遵循"什么是学习""什么是教育"之内在性质，引导学生走向长远发展的起

---

① 陈桂生.普通教育学纲要[M].上海：华东师范大学出版社，2009.7.

始点，是指向有助于学生身体、心理、智识、道德等圆通、圆融、通达状态之长久发展的教育。该教育超越是为达到"不役于物，心无凝滞"而不断努力、超越自我的自我努力和共同奋进。

二、如何实现学校教育的学生立场

人是教育的出发点，人性、人的需要、人的生命、人的可能性、人的多样性存在方式等，都应该是教育活动所应正视与尊重的。针对实践中存在的无视教育立场的问题，实现教育超越，涵养学生立场需要完成从控制走向关怀、从成才走向成人、从片面走向全面发展、从整齐划一走向尊重差异的变革。

（一）从控制学生走向关怀学生

学生是成长中的人，他们起初并没有独立而完善的自我意志，教师或管理者倾向于以"控制"为主来实现对学生的有效教育，然而，控制是来自外在的力量，具备压制或强迫的意味，往往"徒具外表的形式"。涵养学生立场应该走向"关怀取向"。走向关怀取向，首先意味着关怀、关切、关联，强调体验和关心人们的欲望、需要和情感，对人要仁慈并富有同情心。你痛所以我痛，你乐所以我乐，我和你相连，我们是"一家人"的共情与分享，可以生发由己及人、由人及群、由群及万物的普遍联系，在关切中拥有生命的链接与质感。其次，关怀取向的体现是人存在于关系之中，在关系中需要相互接纳，需要"回应"并给予精神关怀；是一种情感性和道德性的存在。关心自我，关心最亲近的人，关心所有与自己有关系和没有关系的人，关心非人类的生命，关心人类创造的物质世界，关心环境，关心意识形态的知识。[①] 最

---

① （美）内尔·诺丁斯.学会关心：教育的另一种模式[M].于天龙，译.北京：教育
　　科学出版社，2003.64.

后,关怀意味着在追求真、善、美中,学生关心人间、人事和人心,师生之间关注的重点便不是所学学科具体内容的细枝末节,而是内容之间关系的"真理"、善意和美感。从控制到关怀,让学生回归本义,教育逼近本质,师生彼此相互关怀、共同增值。

(二)从追求成才走向追求成人

当前教育功利化倾向日益严重,在培养目标上函须从工具化的"才"转向全面性的"人",把学生按照人的方式培养成"人"。近代学术史上,物的学问发展太快,而人的学问发展缓慢。并且,很多时候教育领域所了解的人只是人的物质的与数量的一方面,而不是精神的与品质的一方面,导致人才培养过程中"成人"和"成才"之间的偏差。涵养学生立场需要走向"成人"。首先,要警惕选拔机制及考评文化导致学校教育沙漠化对"人"的淹没。教育一直有夸大人类艰辛,强调社会风险与竞争的倾向,这种氛围造就人与人之间的不信任和势利。这与"成人"教育所关注的自我潜能的发挥、获取知识的美好、探索未知的快乐相违背。其次,提防"以人为手段"的"劳动力"或"人力"开发与培养对人的"异化"。小心知识反映的是物化关系,让人成为"物化"了的人;小心学校成为工厂,教育成为生产实践,学生成为商品。最后,学生立场向"成人"转型的教育意味着以人的方式进行、以人为目的、以"成人"为根本宗旨的人的教育。把人培养成"人",要摒弃决定论、适应论的教育立场,倡导学生主动建构的思想。一言以蔽之,学生立场即为"成人"教育,是为了复归学生作为人的目的,培养成为人的活动。人认识自己是通达世界的前提,认识学生是人们通达教育的前提。

(三)从片面发展走向全面发展

蚕食学生立场的教育垢病之一,便是对人的肢解、培养的人的片面与单向度。涵养学生立场，需要从片面走向全面发展。全面发展意味着要发展学生的德、智、体、美各方面，意味着要达以社会人格的健全，把学生视为"整体的人"，并作为理论或实践展开的参照和基础。反对传统教育以"理性"为名，把课程抽象化，从此切割学生学习内容与生活世界的联结，把学生原本整体的生活割裂成支离破碎的碎片化知识图景，进而促使学生"人格的片段化"。涵养学生立场需要促进学生全面的发展。首先，要把学生发展视为一个生成的整体。要遵循动态的过程观，而不侧重静态、孤立的结构分析。构筑学生立场走向全面，重视的是生成系统而不是构成系统。学生成长是多方面的，尤其是基础教育阶段，应该关注学生"成人"的基石，而不过早专注于专长。其次，遵循经验的连续性原则与交互作用原则，使经验本身成为一种推动力。在经验发展的连续性之中便会更清晰地看待偶然事件或者临时性表现的意义，而且强调"情境"的意蕴。于此，自然摈弃非此即彼的教育哲学，赋予经验的客观条件与学习者内部条件这两种因素以同样的权利。最后，全面发展践行整体课程思想。整体课程尊重整体的儿童、重视艺术的价值、推行整体的学习、培养整体的教师，建议通过创造、修复、超越三种行动抚育整体的儿童，践行整体课程，遵循和合思想、和实生物、天人合一。

（四）从整齐划一到尊重差异

涵养学生立场，需要正确面对学生之间的差异性。长期以来，教育文化过分追求内容与形式的整齐划一，并以此展开控制与管理。由于班级规模等问题，现有授课体制下的"一师多生"局面引发统一要求和标准化，学校教育促使学生像用"模具"刻出来的一样一进学校时千姿百态，出学校时驯化有素。然而，教育面对的应是每一个具体而灵动的生命，每个学生在家庭背景、个性特征、学习风格等方面都未必相同或相似。那么，在班级授课制和分科课程主导的现有学习场域下，更函须关照由于差异而带来的学习契机。真正的学习，正是发生于与异质相互碰撞的地方。学生正是在新奇感、差异性中寻求自我超越的动力。差异是学生在交往中相互协商的空间、彼此增长的空间和个性创造的空间，学生正是在认知差异、行为差异、态度差异、情感差异等情况下，形成自我发展的张力，从而学会求知、学会做事、学会与人共处、学会做人、学会学习。因此，涵养学生立场要尊重差异。首先，教师要在了解并尊重差异的基础上，洞察微妙的差异，使之成为契机。每个学生对于事物的认识或许不同，对于具体事件的态度或许不同，对于美丑的感知可能也不尽一致。那么，差异产生所在地便可能是创新所在点、思想深化点或者学生彼此的发展点。其次，教学过程中内容不宜呆板，形式不宜拘泥于唯一，应该视对象斟酌损益，因人制宜。一样的内容面对不同的学生可以采取不同的形式，一样的形式可以处理不一样的内容，在时间、量度等方面未必要求学生整齐划一。最后，差异会引起人们的关注，也会引起不适或反感，需要在"度"上寻求平衡。差异会引起吸引力，但具有两种向度，一面是好奇，一面是厌恶。然而，对于事物的好奇、厌恶的倾向都可以转化为兴趣，驱动学生进一步地探索。

第二节　推动育人方式的整体优化

人类社会发展史表明：全球性危机往往伴随着重大变革，而且与教育紧密相连。目前，一场重大的变革迹象已经显现，西方发达国家都在采取措施积极应对这场新的工业革命。人们把这场新的变革命名为"第三次工业革命"。在教育领域,第三次工业革命带来了个性化、数字化、远程化、定制化、差异化、分散合作、扁平式组织结构等新的教育理念,对目前的教育模式将产生革命性的影响。从中国基础教育改革的现实背景看,在进入中国特色社会主义新时代的宏观背景下,社会变革更加急剧,经济发展更加迅猛,教育改革的呼声也日渐迫切。在这样的情况下,中国教育如何培养适应当代社会变革的各类人才以契合时代与社会发展的要求,是一个具有全局性、战略性、前瞻性和根本性的重大问题,需要引起政府、学界乃至全社会的高度重视、在笔者看来,学校教育要回应时代发展的需求,最重要的方式是通过育人方式的不断优化来为每一个学生的健康成长搭设阶梯。

2017年9月,中共中央办公厅、国务院办公厅印发《关于深化教育体制机制改革的意见》并发出通知,要求各地区各部门结合实际认真贯彻落实。《意见》指出,此次改革的目标是:到2020年,教育基础性制度体系基本建立,形成充满活力、富有效率、更加开放、有利于科学发展的教育体制机制,人民群众关心的教育热点难点问题进一步缓解,政府依法宏观管理、学校依法自主办学、社会有序参与、各方合力推进的格局更加完善,为发展具有中国特色、世界水平的现代教育提供制度支撑。在《关于深化教育体制机制改革的意见》之中明确提出要培养学生适应于未来社会的四大关键能力:一是认知能力培养。教师不仅要给学生传授现成的知识,更需要引导学生进行求知领域的探索,自己寻找独创性解决问题的方法,培养个人学习兴趣,形成终身学习的意识和能力。二是合作能力培养。合作是现代社会的重要标志,通过引导学生自我管理,学会与人合作共享,处理好与他人、社会的关系,积极融于集体,实现个体的社会化。三是创新能力培养。学校要鼓励学生勇于创新,通过研究、实验等教学方式方法,启发学生思维,激发好奇心和想象力,培育学生的创新灵感。四是职业能力培养。职业能力和素养贯穿人的一生,学校教育要按照学生发展和社会发展需求,着力培养学生的职业道德和纪律,提高学生动手实践和解决实际问题的能力。①要真正培养学生的关键能力,必须推动整个教育领域育人方式的改革,这一改革的核心是建立以学生发展为本的新型教学关系,改进教学方式和学习方式,变革教学组织形式,创新教学手段,改革学生评价方式,让学校教育真正承担起促进学生能力素养全面发展的重要责任。

在御桥小学看来,让学生健康幸福,快乐成长,这是教育的神圣使命,而让每一个学生有"成长阶梯",这是走上幸福之路的起步。学校积极倡导"合作探究"的文化氛围,努力使每一位学生成为明理乐学、合作求新的健康少年。即在"养成教育"引领下,帮促每一位学生通过五年的小学学习生涯,在快乐学习的历程中,拥有健康的体魄,懂得为人处世的道理,善于沟通合作,乐于探究创新,成为德智体美劳全面发展的阳光少年。

学校在"一切为了全体学生,一切为了学生的全面发展,一切为了全面发展中的个性发展"的理念指引下,强调尊重每一位学生的成长经历和个性发展的差异性,关注每一位学生的兴趣、爱好和特长,培养学生既有基本的知识技能,又拥有良好的合作素养,实现学生的多元成长。

---

① 田慧生.深化育人方式改革落实立德树人根本任务[J].人民教育,2017(19).

一、奏响立德树人的成长主旋律

党的十八大报告中指出,"把立德树人作为教育的根本任务,培养德智体美全面发展的社会主义建设者和接班人",这是"立德树人"首次作为教育的根本任务得以正式确立。党的十九大报告再次强调,要"落实立德树人根本任务","培养德智体美全面发展的社会主义建设者和接班人",为人才培养指明了方向。可以说,立德树人已经成为当前中国各级各类教育改革的最核心价值取向。正如有的研究者所提出的,"立德树人"是当代教育理论界出现的一个重要语汇,对其内涵的正确把握需要立足于当下,立足于教育实践和社会生活实践,但也需要尊重其语源学上的涵义,从"立德"与"树人"之间关系上加以把握。"立德树人"根本任务的确立,既为学校德育指明了未来发展方向,也是对当前我国教育的总体性关切的理论成果。它拓展了教育的实践领域,强调整个社会中包括学校教育、家庭教育以及其他教育形式在内的各级各类教育,提出了更高的教育目标。[1]

实际上,在笔者看来,立德也罢,树人也罢,关键在于,我们要真正理解:"德"的本质是什么?"人"的本质是什么?特别是要理解,一个真正有道德的人是什么样的人,这样我们才可能找到正确的"立"和"树"的方法,才能通过系统的学校教与学方式的变革,承担起立德树人的根本任务。

学校坚持立德树人,牢牢抓住"道德美化心灵、文化美化生活、文明美化形象"这根主线,把养成教育和两纲教育有机渗透,持续多年开展了"做一个有道德的人"系列活动,如"低碳生活我

---

[1] 戴锐,曹红玲."立德树人"的理论内涵与实践方略[J].思想教育研究,2017(6).

做主""七色花行动""争当四好少年""红领巾相约中国梦"等一系列实践体验活动,全校 100% 的学生参与。同时每年开展的"合作互助"爱心义卖活动周、"合作演绎"课本剧表演节、"合作畅想"艺术节、"合作探索"科技节等活动,为学生搭建了参与交流合作的平台,让御小的孩子们能感受健康快乐的集体生活。可以说,御小的孩子们是幸福的,2013 年开始,学校除了免费为学生组织一年 2 次的春秋游活动外,学校还投入经费组织学生 5 年内完成 5 个社会实践特色大课程:一年级入团、二年级入队、三年级十岁生日、四年级做科技达人、五年级毕业典礼,组织学生到校外实践基地开展特色实践一日游活动,还邀请部分家长一起参与孩子们的集体活动,让孩子们在御小的 5 年能留下难忘幸福的记忆。

其次,为满足学生的不同需求,结合快乐半日活动和市乡村学校少年宫活动基地,学校进行课程的顶层设计,从经典诵读、科技创新、人文艺术、体育健身、社会实践五大类中开设了中国象棋、纸艺贴画、名著芳斋、七巧拼图、石头生花、DIY 串珠等 50 多个学生小社团。每学期初学校为学生提供"菜单"式的社团选修课程,供学生根据自己的爱好和特长自由选择,每周五下午学生采取走班制进行学习。学校还外聘市少年宫老师、民间艺人为兼职辅导员,开设特色社团课,如毽球、机器人、刨花、羽毛球正成为学校特色项目。

经典诵读也是学校语文教学的一大特色。一方面每班利用课前 2 分钟、午会课及古诗诵读课,开展古诗"读、吟、唱、舞"实践与评优活动;另一方面开设了《国学》《快乐沪语》《童谣琅琅》《书法》等 10 余门语文拓展社团,通过童谣、沪语、绕口令、百家姓等学习活动,使学生充分体验经典诵读的快乐,感悟中华经典的魅力。同时学校还充分利用班级图书角,常态开展"我阅读,我快乐"活动,通过日常积累让学生养成良好的阅读习惯。学校定期选送学生的优秀作品在市级刊物《作文大王》《中小学智慧学习场》和《浦东时报》等报刊杂志上发表达上百篇。

学校历来重视学生体质健康锻炼,除了每周上好 3 节体育课、2 节体锻活动外,学校将跳踢拍传统项目作为阳光体育工作的抓手,每年为每位学生配一根绳子、一个毽子,每天开展 25 分钟全体学生参与的晨练,全面开展阳光体育一小时活动。此外,学校利用每学期初的一个月,正副班主任利用班队会的时间对班级广播操和队列进行强化训练,每学期的运动会上进行展示评优。每年举行"合作趣味"运动会,通过设计跳踢拍团队项目,促使学生在平时练习中不断超越自我,同时通过感受团队心得,掌握游戏规则。另外在跳踢拍传统项目基础上,不断完善校级体育社团的设置,陆续开设了"羽毛球、武术、围棋、象棋"等体育活动项目,学生踊跃参加。在跳踢拍项目上,学校取得了数十个全国、市的奖项,2005 年,学校在此基础上成为新区体教结合"毽球项目"的学校,很骄傲的是学校连续三届代表新区在上海小运会上获得男女团体三连冠。

二、搭建丰富经历的成长大平台

经历,指自身或他人见过、做过或遭遇过的事,通过自身或他人的经历可总结出直接经验或间接经验。现代教育强调学习的过程很重要的一个指向就是丰富学生的成长经历,让学生在鲜活的开放性场景和活动性课程中加深对学习、对生活、对职业和对生命成长的体验与感悟。御桥小学以鲜活灵动的活动,极大地丰富学生的成长经历,形成五大色彩系列。

　　绿色天空——"争四好"活动中积极进取的小雏鹰。为把"红领巾争四好"活动落在实处,学校以雏鹰争章活动为载体,组织开展了"争当阳光下的四好少年"——争"四色章"活动。学校大队部根据"四好少年"的要求,融合小学生行为规范要求,在集体讨论的基础上,制订了"四色章"。每个章目都分年级段设置了相对应的达标要求。各中队还将"四好少年"的标准及"四色章"的达标要求张贴在教室里,并利用队会课进行学习。学校还给每一位儿童团员和少先队员印发了"四色章达标记录卡",每个队员根据达标要求,结合自身实际情况,选择努力的目标,制定达标计划,并积极实践开展行动,人人争获"四色章"。通过这小小的争章达标卡,每个队员的个体责任感在不断增加,集体荣誉感在不断增加,"四好少年"成了他们不懈的追求。

　　蓝色海洋——主题活动中自主合作的小海星。学校德育室大队部围绕着"合作"设计了一系列的主题活动,让学生们在主题活动这片蓝色的海洋中健康成长为品德优良,团结友爱的好少年。"合作知识月"里,由队员们收集整理的合作读本已经成了他们最心爱的读物。"合作感恩月"里,爱心义卖活动让队员们从小树立关爱他人的意识,养成乐于助人、乐于奉献的良好品质。"合作活动月"里,"合作演绎、秀我风采"校园课本剧大赛是队员们展示自身才能的舞台。"合作艺术月"里,"唱响精彩60年"爱国歌曲大家唱活动中队员们用嘹亮、优美的歌声为祖国、为少先队送去了声声祝福。"合作创造月"里,"低碳生活,让学校一起行动"科技节活动让队员在合作中发挥个人聪明才智,体验成就共享的喜悦。"合作体育月"里,"合作分享"运动会让队员们在比赛中,处处感受合作,时时体验合作,刻刻发扬合作。

　　金色舞台——社团活动中竞争共享的小精灵。学校组建了

"Happy 乐园"红领巾社团,让孩子们在"红领巾社团"这个金色的舞台上成长为体魄强健,活泼开朗的好少年,充满自信、健康阳光地走向未来人生。在组织社团活动中,学校坚持遵循"给学生更多的实践与活动机会,让他们遵循在"做中学"的原则,组织丰富多彩的课外考察、社会调查等实践活动,让学生在实践中接触自然,了解社会,和谐人际交往,学会在竞争中合作,在实践中培养和检验竞争和合作的意识和能力。

粉色家园——家校共育中交往感恩的小帮手。为培养学生孝敬父母、关心他人、勤俭节约、热爱劳动的品质,学校结合四月份"生命教育月"家校合作开展"我的生命我闪亮"系列活动:第一,"闪亮人生第一步",通过和爸爸妈妈一起制作成长宝典,了解小生命诞生的过程,体会父母养育之累;第二,"感谢父母养育我",开展"我为生鸡蛋做两天爸爸妈妈"体验教育活动,体会妈妈十月怀胎的辛苦,培养学生的责任心和对生命的尊重;第三,"走好人生每一步",和父母一起计算自己的学习成长所需的经济账,感谢对父母的养育之恩。结合春节,举行"小鬼当家我理财"评选活动,同学们用最节约的钱,做了最合理的春节消费计划。在活动中,学生们明白了节约的意义,养成了传统美德。

橙色社区——校外活动中交往沟通的小蝴蝶。学校将校内和校外活动有机结合,对学生的社会实践活动进行了的大胆尝试和有益的探索。在校外活动这个甜蜜的粉色家园里,一只只美丽的小蝴蝶在翩翩起舞,他们在这里学会了交往,学会了沟通。学校在组织社区的主题教育活动时紧紧把握时代的脉搏,关注热点与时事,并且结合时事,将热点元素导入实践活动中。例如为了迎接上海世博会,学校先后开展了"小手牵大手、大家找陋习";"礼仪盛典,风尚行动"公共文明亲情督导活动;"争当四好少年、领巾服务世博"等一系列实践活动,特别是"礼仪盛典,风尚行动"公共文明亲情督导活动更是受到了世博局、区文明办的肯定。

三、实施广泛合作的成长大体验

学生的学习方式对学习结果具有决定性的影响,然而传统课堂中采用的"听讲—背诵—练习"的被动接受的学习方式,严重限制了学生的能力培养和情感体验。国家 2001 年颁布的《基础教育课程改革纲要(试行)》明确提出了当前学习方式转变的目标:要求改变课程实施过于强调接受学习、死记硬背、机械训练的现状,倡导学生主动参与、乐于探究、勤于动手,培养学生搜集和处理信息的能力、获取新知识的能力、分析和解决问题的能力以及交流与合作的能力。可见,新课程改革积极倡导学生由被动、单一、接受的学习方式,逐步向自主、合作和探究的学习方式转变,转变学习方式成为我国新课程改革的重要目标和核心内容。

众所周知,学生的学习必然依据一定的方式进行,学生学习方式是指学生在完成学习任务过程中的基本行为和认知的取向。当前学者们曾提出多种学习方式,根据不同标准可以划分为接受学习和发现学习、意义学习和机械学习、合作学习和个体学习等。各类学习方式本身并无绝对的优劣之分,但是传统的学习方式把学习建立在学生的被动性和依赖性基础上,忽视了学生的主动性和独立性。因此,应通过转变单一的学习方式来发展多样化的学习方式,特别是要提倡自主、合作与探究的学习方式。①

---

① 钟启泉,崔允漷,张华.为了中华民族的复兴为了每位学生的发展——《基础教育课程改革纲要(试行)》解读[M].上海:华东师范大学出版社,2001.1—7.

如何让合作探究成为学生学习生活的习惯,学校还专门为学生开设"合作探究体验课"。通过创设合作活动情境,让学生掌握一定的合作探究技能。如范丽莉老师的"齐心协力学合作"、陈慧敏老师的"学会求助"等十多堂合作探究体验课,让孩子们转变了思维方式,感受时时有合作、处处有探究。通过体验,孩子们的合作意识、合作情感得到了熏陶,合作技能、合作行为得到了提升,而这一切,浸润着学校师生共同的合作智慧和探究火花。

队员们在小组争论中协商,在合作分工中协调,而老师则成为指导学生选题、定计划、分组调查、收集资料、成果展示的益友。孩子们调查百岁长寿老人,参观御桥相公殿,走进农贸市场……合作探究意识、实践创新精神得到较大提高。"水果探究""小河探究"等多个课题在市、区交流。

下面是我校夏叶青老师撰写的班级探究心里路程:

探究在发现中进行

"探究"犹如星星燎原之势燃烧了我们整个御桥小学,在经历了许许多多的坎坷之后,我们从起初对探究一无所知的"迷茫"——"摸着石头"过河的尝试——全身心投入。整整一个学期,经过张华教授的指点迷津,不仅是学生们喜欢上了探究,连老师们也迷上了探究。在我们学校无论谁只要一说起"探究"就有满肚子的故事和感受,下面就允许我小谈一下我在探究中的小小经历和点滴收获。

(一)生活小插曲,探究好课题

我们班的课题可以说是"无巧不成书",和各位老师一样,在选题的过程中我们也遇到了课题太多或者不适合低年级小朋友探究的课题。正当选题一度陷入僵局之时,李敏慧小朋友的一颗牙齿掉下来了,这个小插曲引起了孩子们极大的兴趣"这是乳牙,它还会再长出来""我想知道为什么我的牙齿掉了还会长出来,我爷爷的牙齿掉了就长不出来了""牙齿里有没有虫啊"……于是我们的课题就这样确定下来了。

(二)一波三折,探究路坎坷

所谓"万事开头难",没想到探究路坎坷。第三周探究课上学生们针对上节课提出的问题都纷纷找出了答案。可是到了第四周课,我总算体会到了什么叫"大眼瞪小眼"。有幸在此时观摩了金陆小学的探究课,我深受启发,决定培养小组长作为助手,尝试一个教师带领多组的探究。全班共同选出了八个二级课题,分别是:"牙齿的遗传""保护牙齿""牙齿的生长过程""牙齿的组成""牙齿的美容""牙齿的常见问题""牙齿的形状和作用"以及"动物的牙齿"。可是由于子课题太多,小组太分散等种种原因,探究停滞不前。因此我们又将课题调整为:"保护牙齿""牙齿的组成、形状和作用""牙齿的常见问题"以及"动物的牙齿"。我们共同想办法在教室里围成四组,根据教室的有限空间,有的围成长桌,有的围成方桌。我充满信心地对孩子们说:"孩子们,真正的探究才刚刚开始,希望你们每一组都能互相帮助,在研究的过程中克服困难,你们一定能成功!"

(三)发现中探究,体验中成长

再次重组时间已经过了十一月,我们充满信心,重新开始。看,这是《动物的牙齿》小组成员。黄娓娓老师正带领他们上网查资料,他们看到了牙齿比嘴还要大的vipership,能用牙齿咬碎珊瑚的隆头鱼,牙齿长在舌头上的蜗牛以及用牙齿咬起食物来就如同剪刀的狮子等等,这些都让孩子们唏嘘不已。回到家,孩子们也各显本领,有的上图书馆找资料,有的和父母一起想办法上网吧查资料,还有的甚至亲身体验,把小狗小猫等抓起来观察……研究的范围也随之越来越大。杨超小朋友探究到的"狗的牙齿为什么能啃肉骨头? 那是因为它的口腔里有巨大强健而锋利的齿裂。";刘艺小朋友探究到的关于螃蟹的牙齿,我们知道了"螃蟹的牙齿是长在胃里的,这样可以把食物一古脑儿往胃里装,待休息时再由胃磨去仔细加工,这样能节省好多时间";倪金雷小朋友探究到的老鼠为什么要磨牙的秘密,原来"老鼠的门牙每个月能长出 3 厘米,如果不磨损的话,到老年时就会长到 70 至 100 厘米长";李广志小朋友探究到的关于蚊子的牙齿,原来"蚊子生下来的时候至少有 47 颗牙齿"。下学期,他们还要研究这些动物的牙齿和它们的食物之间的关系和生存的关系。

《牙齿的常见问题》小组收获也不少,他们不仅认真记录好每一个问题,并且都有依有据地写下能说明问题的答案。他们互相观察小组成员的牙齿,发现有几个小朋友牙齿长得不整齐,歪歪斜斜的,冯芝琳小朋友嘴里竟然有好几颗"双胞胎"牙齿;吴海霞小朋友观察得特别仔细,她找到了区别乳牙和恒牙的方法:"我看到没换牙的小朋友牙齿是平的,已经换牙的小朋友牙齿上有波浪形的小山坡。"为了弄清"双胞胎"牙齿这个问题,冯芝琳小朋友还特意去医院采访了牙医,因为是自己要研究的课题,因此她一点也不害怕,准备了好几个问题请医生做解答。原来"双胞胎"牙齿被称为"乳切牙",是因为乳牙滞留(延迟脱落)引起的。怕疼的她这次居然勇敢地请牙医一下子解决了两颗"双胞胎"牙齿。下学期,她还准备将自己掉下来的牙齿做实验呢!

《牙齿的组成、形状和作用》小组为我们研究牙齿打了个先锋。他们不仅查清楚了牙齿的构造,还弄明白了我们嘴里每一颗牙的名字和作用。赵剑小朋友探究了"儿童为什么会换牙"的问题？他从《儿童生活 300 问》中找到了答案，让我们知道了为什么会换牙？什么叫乳牙什么叫恒牙？此外，他们还制作了调查表来研究小孩、大人、老人的牙齿和相关情况。如：调查小孩，他们设计了：你几岁了？喜欢吃甜的食物？还是咸的食物？喜欢在睡前吃东西吗？一天刷几次牙？有没有吃钙片或牛奶？这些问题。调查大人，他们设计了：您现在还有蛀牙吗？您喜欢吃的食物是什么？您洗过牙吗？调查老人，他们设计了：您几岁了？您现在有几颗牙？您装假牙了吗？您喜欢怎样的食物？硬的？软的？还是不硬不软？

听！这是我和他们一起编的《牙齿歌》，由陆靓老师配乐录音，在欢快的音乐声中我们牢牢记住了这些小牙齿的名字。看！这是他们的绘画作品——《牙齿宝宝的生活》。

《保护牙齿》小组的研究也很有创意，他们这学期决定以研究牙膏和牙刷为主，因为这两样是清理牙齿的最佳伴侣，谁也离不开牙膏和牙刷。要了解牙膏，首先可以从牙膏盒上了解有关信息。在我和黄老师的帮助下，他们还把牙膏盒和牙刷收集起来做实验，我们先在四个一次性塑料杯里装入茶叶泡成三分之一杯茶，等一段时间后茶叶散开了，水变成了青绿色。我们选择了三个牌子的牙膏：中华牙膏、高露洁牙膏、佳洁士牙膏。分别取同等量放入茶杯中请小组成员叶紫伊、张天磊、史玉娟进行搅拌一分钟。孩子们在一旁数数字，大家一起数着数着，"呀，水的颜色变掉了。""有的变浅了，有的没变。""有的变得快，有的变得慢。"我笑着问他们："你们想到了什么？"孩子们抢着说出他们的想法："颜色变浅的牙膏刷得干净！""不对，我听妈妈说马上能变白的东西不一定是好的。"……到底谁说得对呢？我没有下结论而是建议他们继续对这个问题进行探究。接着，我们又做了一个实验,将中华牙膏、高露洁牙膏放在同一个牙膏盒上打磨,数到一百下时,我们发现中华牙膏把牙膏盒磨白了,而高露洁牙膏一点都没伤害到牙膏盒。孩子们惊讶极了:"怎么会这样?"这能说明什么呢? 我鼓励孩子们多想想为什么? 这样就能发现更多。不一会儿,宋玉琪小朋友也做起了小实验,他说:"我发现了电动牙刷一转刷毛硬的分开得不厉害,刷毛软的马上分开!"不仅如此,他还发现波浪型的刷毛要比直线型刷毛更容易深入牙齿缝把牙齿刷干净! ……尽管这些不是什么了不起的大发现,但是孩子们的探究精神说不定已经悄悄萌芽,他们中的某一位或者是几位将来会成为了不起的大人物呢! 达尔文小时候不就是从小发现开始成长的吗?

（四）情感的提升,思维的拓展

在探究中,孩子们的情感得到了提升,思维得到了拓展:在这里他们写下了一篇篇发自内心的体验和感受;在这里,他们创作出了一个个稚嫩有趣的童话;在这里,他们留下了一个个自信踏实的脚印,在探究中融入了孩子们点点滴滴的努力,在探究中碰撞出了孩子们闪闪烁烁思维的火花,在探究中记录了孩子们分分秒秒的进步。此刻我真实地体会到,探究让孩子们更快乐、探究让孩子们更自信、探究让孩子们更聪慧,让我们每一位老师能在探究中伴随着孩子们一起成长,让我们共同努力为了孩子们的明天!

我们的青年教师也追逐着探究的脚步,带领着孩子们不断成长。以下是我校杨晴老师撰写的探究心历路程:

在探究中学习

本学期我们学校在专家张华教授的引领下,开展了研究性学习的系列活动。虽然我并不是学校课题组的老师,但作为一名刚毕业的青年教师，我踊跃参加，积极投身。记得刚接触这门探究性课程时，我的心情相当复杂：既对这门新鲜课程充满好奇，很想自己尝试一下、挑战一下自己，又担心自己对这门全新的课程不熟悉，自己和学生无从下手。从何开始，怎么开始？带着这样复杂的心情，我带领着我们一年级的小朋友开始了我们的探究行活动。

1. 确立课题：波折中寻找突破

爱因斯坦有句名言："兴趣是最好的老师"。我坚持选题一定要以孩子为主体，以孩子的兴趣为基点。记得刚开始确立课题时，当我提出：同学们，在生活中你们对什么最感兴趣这个话题时，班级里的学生们一下子雀跃起来。孩子们的想象力是丰富的，求知欲是强烈的，然而当他们提出"小兔子的眼睛为什么是红的？人的头上有几根头发？天上有多少颗星星？"等一系列天马行空的问题时，使我为难，这些问题牵涉面十分广泛，怎么引导一年级的小朋友去探究？我正为此愁眉苦脸时，突然有一天，我经过教室，发现教室门口有香蕉皮，这是怎么回事？原来英语老师把香蕉作为奖品发给学生，有些小朋友吃完后就随手乱丢，这可是不文明的行为。如果胡乱的批评一顿，收效不大，可能还会拉远我与学生之间的距离，何不就此因势利导呢？于是我有意的问小朋友们一些问题："你喜欢香蕉吗？吃完香蕉皮能不能乱丢？为什么？"学生们纷纷回答：我知道香蕉弯弯的，像月亮；我听大人讲：吃香蕉后能润肠；我还吃过香蕉干呢，是我们吃的香蕉做的吗？突然，冒出一个怯怯的声音："老师，我们能不能研究香蕉？"没等我回答，同学们纷纷附和："好的，好的!"于是，我们顺利确立了一级课题——香蕉。很快，我们的二级子课题随之诞生：香蕉的产地，香蕉的品种，香蕉的功效，香蕉的吃法。

2. 课题实施：研究中面对迷茫

二级课题确立后，接下去最重要的工作就是怎样去指导学生开展有效的研究活动。首先，我提醒小朋友们可以在课外通过不同的渠道、多种方式去了解香蕉。课堂上，我们围坐在一起，交流各自搜集到的资料时，也许是因为学生太小，不能很好地进行表达，有点结结巴巴；有些同学带来了从网上下载的资料，因为不认识字，干脆把资料直接交在我手里；甚至有些同学的这份答卷是家长完成的，课堂上更是一问三不知。我十分迷茫，刚刚入学的小朋友字也不认识几个，到底该怎么继续下去呢？

3. 共同商讨：实践中总结策略

正当我迷茫之际，张华教授研究团的老师们给了我相当大的启发：根据一年级小朋友的年龄特点，可以使学生通过多观察、勤动手等直观方式来深入地进行探究。这使我们的探究活动豁然开朗。我和学生们准备从以下方面着手探究。

（1）看一看。11月初，我和张老师各带二个小队来到农贸市场，带领着学生亲自实地考察香蕉。出发前，每个小队先想好问题。带着这些问题，小朋友们在组长的带领下，去请教了水果摊主，他们有的记录，有的录音，有的拍照，热情高涨，我也被他们深深感染，同时我也明白了研究性活动进入课程的重要性。

（2）画一画。看过各种各样的香蕉后，我点拨小朋友是不是可以把他们这段时间看到的各种各样的香蕉画下来。学生们纷纷动起手来，很快一张张香蕉画呈现在我的眼前，尽管并不算漂亮，但却是那么相像。"老师这是我创想的卡通香蕉，他正夸我把他画得可爱呢""老师，这是我画的红香蕉。"徐科特别兴奋地跑过来。这时，教室里哄堂大笑："香蕉根本就没有红色的。"徐科涨红了脸"有的，前几天我爸爸陪我查资料的时候查到了南洋红香蕉就是红色的。"他们据理力争,跑来向我求救:"好了,我们不吵,一起来上网查查资料好吗?"结果令许多小朋友惊讶,确实有红香蕉,对于徐科,他们都流露出钦佩之情:"你真了不起。"我也不失时机地表扬徐科:"你真是一个爱研究的好孩子。"第二天一大早,还有些小朋友特地跑来,"老师,课上我画了芝麻香蕉,这是我回家画得白油身香蕉,还有威廉斯香蕉呢。"看到孩子脸上的笑容,我知道他体会到了探究成功的喜悦。

(3)做一做。在用橡皮泥捏香蕉的过程中,小朋友的思维更加活跃了,那些色彩各异,形态万千的香蕉真惹人喜爱。有一个小朋友把我拉到他们那里:

"老师,你看,我们做了一个香蕉城堡,漂亮吗?""哇,真漂亮!"我为他们的作品喝彩,"那么香蕉城堡里会住些什么人呢?"我适时启发他们。不一会儿,他们的香蕉国王、香蕉王后、香蕉公主随之而生,一个动听的故事传入耳际:"在美丽的香蕉城堡内,住着香蕉国王、王后和公主,他们相亲相爱,快乐地生活着。"我不禁感叹:孩子们的思维能力也在探究中得到了提高。而在做香蕉水果拼盘时,他们智慧的火花也尽显无遗:香蕉狗,香蕉八爪鱼,香蕉森林,香蕉船等。他们的奇思妙想充满童趣。做完拼盘后,有一位小朋友跑来问我:"老师,我以前吃过苹果奶昔,那我们能不能做香蕉奶昔呢?""真是个好主意!"我赞同。说干就干,到了下一次课上,他们小队带来了相关材料,开始探究。但是,一次两次,他们做的奶昔都不能入口,或是牛奶太少,或是香蕉太生,或是香蕉还没打碎。终于经过几次尝试后,他们成功了。"我们会做香蕉奶昔了!"他们喜出望外。我也为他们的成功高兴,不仅仅是因为他们学会做香蕉奶昔了,更重要的是在活动中,他们学会了互相合作,向失败挑战。

（4）写一写。探究了三个月后，小朋友们也认识了不少字，他们情不自禁地产生了我当小作家的欲望，他们写下了许多小诗，编了许多童话故事。刘邦迪写道："香蕉弯弯的，果皮黄澄澄，果肉软绵绵，味道甜甜的。"字字押韵，琅琅上口。徐科小朋友这样写道："少时香蕉绿，老来穿黄衣，营养价值高，人人都喜欢。"罗奕良还编了一个谜语给大家猜："黄金布，包银条，中间弯，两头翘。"有些同学还用上了一连串的比喻句：弯弯的香蕉像小船，像眉毛，像镰刀，像柳叶。同学们能够把课文中所学的知识与香蕉联系起来，知识得到了迁移，这何尝不是一种成功的体验呢？同学们还请来了音乐老师帮忙，把创作的小诗谱上曲，唱一唱，舞一舞呢！他们真正体验到了探究的喜悦和成就感。

2005年12月26日，我们学校举办了"探究成果展示"活动。作为探究实验班，我们一（1）班的小朋友参加了展示。看到那些大哥哥、大姐姐欣赏着自己的作品，品尝着自己的成果，孩子们自豪不已。

在研究性学习活动过程中，学生都能带着探究意识去学习，他们的思维始终处于活跃、积极的状态。在小组的合作探究中，他们的潜能得到了发挥，他们的困惑得到了解决。

研究性活动刚开始起步，我将不断学习，在专家的引领下，在同伴的帮助下，引导学生投入到更深层次的探究活动中去，真正使学生在各方面有所得。

第三节　关注良好品德的系统养成

现代教育所要培养的人，不能是"精致的利己主义者"，而应该是有道德的全面发展者，由此，"育人为本、德育为先"这是教育改革与发展必须遵循的基本准则。从现实的情况看，德育作为我国素质教育的重要内容,在"成人"教育中起着重要作用。随着我国社会的转型发展,人们的价值观念也发生了巨大变迁,中小学德育的理念与方式也发生了重要的转型,具体表现为:从德育政治化到人本化凸显,从政治教育到丰富的"大德育"体系,从运动式德育到大中小学德育一体化,从孤立的德育到全员、全程、全方位的德育。然而,一个值得注意的现象是,长期以来,由于在德育教育中存在着比较明显的"人学空场"现象,德育"目中无人",不从人的本性出发,不按照人的成长规律进行教育,从而导致功能异化,缺乏人文关怀的德育,导致学生人格尊严受损,腐蚀或冲淡了学生经由兴趣而自我德性教化的精神,背离了学生的身心发展规律,最终致使学校德育效能低下,无法承担起立德树人的重要任务,对学生良好品德的养成没有发挥应有的价值。在这样的情况下,如何顺应时代潮流、克服当代道德教育中的种种困境与矛盾,结合学校实际创新德育的理念与方式,切实提升学校德育工作的实效性,这是任何学校改革与发展,特别是人才培养过程中都必须要认真思考的重要问题。

在御桥小学的发展历史中,学校向来重视学生德育工作,学校成立了德育工作领导小组,以"共创每个孩子的幸福童年"的办学理念为指导,认真开展社会主义核心价值观、"两纲"教育,将德育工作纳入学校工作的总体规划,把班主任队伍建设、温馨教室创建、核心价值观的实践活动作为德育工作的抓手,引导学生在实践中体验,在体验中感悟,在感悟中创新,以多彩的舞台培养学生的核心素养,促进学生的全面发展,实现学生道德意识与道德素养的提升。

一、加强队伍建设,提升育德能力

从德育过程来看,德育就是提高道德认识的过程,陶冶道德情感的过程,锻炼道德意志的过程,确立道德信念的过程,养成道德习惯的过程。对这样几乎贯穿人的一生发展的重要过程而言,德育也绝不是学校哪一个部门、哪几个教师的事情,需统筹规划、精心运作、全员参与才能收到实效。其中最为根本的是队伍建设问题。在学校中,班主任是学校德育工作的骨干,是沟通学校、家庭、社会三种教育渠道的桥梁。学校为班主任教师提供多渠道、分层次,多主题的培训,提升班主任的专业水平和专业能力。

(一)"听学悟践"规范青年班主任工作常规

随着近三年学校的发展,新增新班主任 19 人,占全校班主任的 50%,而这些新班主任自己是独生子女,面对的家长是独生子女,面对的学生也是独生子女,这种三"独"现象,带来的教育挑战可想而知。于是学校开发了《班主任育德能力和班级管理》校本培训课程,包括师德与素养、知识与技能、实践与感悟三个板块,指导他们适应新角色、新任务。学校开展"听、学、践、悟"校本培训:听德育理论和知识;学教育方法和技巧;进班级体验和实践;写工作感悟和反思。校本培训侧重班主任工作的基本规范、基本技能的培训,使他们能尽快成为一个合格的班主任,做好家校的沟通工作,引领学生健康成长。通过培训,这些青年班主任正在迅速成长起来,多位教师撰写师德征文分获新区一、二等奖。张静老师执教的班会课荣获新区二等奖,严瑛老师撰写的"金融与理财"论文荣获新区二等奖等。

(二)"课题研究"提升全体班主任科研水平

学校以区重点课题《基于生命教育的小学合作探究型课程的构建与实施》作为载体,带领全体班主任开展校本研修,新区吴伟民、戈玉洁等专家到校指导教师如何开展教学反思、经验总结的撰写,如何开展探究活动等。骨干班主任夏叶青、卫春、范丽莉等先行先试开发校本课程《金融理财》《健身器材小调查》《奇妙的树叶》,其他班主任跟着骨干教师一起融入,在浓郁的教研氛围中,经过了3年的努力,课题圆满结题,并出版了31万字的成果集《生命的魔方》。全体班主任通过参与课题研究、课题成果撰写、《生命魔方》校本课程低中高三册校本教材的开发,提高了自身的课程意识和钻研精神。朱亚明老师连续三届被聘为教育署班主任宣讲团成员,参与署区级项目《创新班主任培养方式的实践研究》,他开发的微课程为教育署20多所学校的班主任进行培训,广东省佛山市四位校长到校跟岗培训三天,对朱老师的介绍啧啧称赞。

(三)"上层培训"提升骨干班主任专业水平

学校推送骨干班主任到教育署、新区、市进行"上层培训",接受更系统、更专业的培训,拓宽班主任的视野,提升理论水平和实践能力。每学期当教育署、新区、市里开展骨干教师培训时,学校总是积极响应,选送一批工作有热情,行动有激情,带班有特色,业务有追求的骨干班主任参加培训,像夏叶青、张静、范丽莉、张淼、张婷等,协调好他们的课务,使他们能安心地参加培训。这些班主任在参加完培训后,在学校的班主任校本研修时,说说前沿信息、谈谈实践感受。通过上层培训,一批骨干班主任引领着学校的德育工作更快更好地发展。学校现有2名教师聘为新区德育骨干,2名教师评为德育中学高级教师;夏叶青被评为全国优秀班主任,曹秀英评为市金爱心老师,闵燕华评为新区优秀班主任;卫春等班主任发表德育文章10多篇;张淼等10多名班主任在署班主任论坛评比中分获等第奖。

二、建设温馨教室,共创幸福童年

"温馨教室"是指师生共同营造的,能满足师生合理需求、有利于健康人格发展的教育环境。建设"温馨教室"是一种行动主张，更是一种教育理念，以人为本，引领学生健康、愉快地成长，增进幸福体验。学校被评为署"温馨教室示范校"；教师被评为署"温馨教室优秀教师团队"；曹玲红撰写的《利用探究活动创建温馨教室》获新区征文二等奖等。

（一）温馨环境，让每个展点都呈现成长的轨迹

学校倡导让"每堵墙都说话""每个空间都绚丽"，精心布置，使其既温馨舒适，又催人奋进。班级的植物角里，摆着碧绿的水养植物，浑身长刺的仙人球，可爱的宝石花。每当课间，学生们在这里探究，交谈着他们喜爱的花草；学习园地里，张贴着学生们的一张张精美书画作品、一份份创新小制作，"涂鸦角""心愿墙""信息窗""成长树"等及时把学生前进的脚步、奇特的思想和美好的行为，用文字、照片加以彰显；"科技角""生物苑"将教室点缀得动静结合……浓郁的班级文化建设，潜移默化地陶冶学生，引领他们积极向上，崇尚精神价值的追求。在温馨教室环境布置的过程中，教师们还重视心理的体验：鼓舞学生创作的热情，发挥自己的艺术潜能、展现自我的创造能力，为班级布置出谋划策：积极发表自己的建议、设计布置方案并动手布置教室，从中得到成功的体验。

（二）温馨关系，让各种关系都成为和谐的互动

班级通过"班级之星、闪亮星空、我是最棒的、我型我秀、我是得星小能手"等评比表彰营造班级同学间你追我赶，互帮互助，团结友善的氛围，同学间能发现彼此的优点，相互学习，共同进步。教师尊重学生差异，采用多元评价，激发学生的上进心，增强求知欲，建构和谐的师生关系，教师的多元评价时做到关注过程注重及时性，关注心理注重激励性，关注教学内容体现针对性,关注学生个体注重指导性。班主任和任课老师之间形成合作团队,以信任的语言激励学生,用赏识的目光赞赏学生,让学生对自己有信心,鼓励学生争做课堂的主人,主动地参与学习,创建温馨的课堂教学环境。同时家长成为班级发展有力的后援团,他们配合班主任,成为雏鹰假日小队、班级探究小课题的特约辅导员,带学生走进"文明守序不插队""金猴闹元宵"等实践活动;"汽车王国""衣服的来历"等小课题探究,使学生的体验更丰富、更真实,他们还参与到班级的建设中,和教师形成了温馨的关系并形成了教育合力。

(三)**温馨活动,让每次参与都成为最亮的自我**

班队活动就像是催化剂,让学生活泼向上,让他们充满活力与朝气,让他们享受快乐,享受蓝天阳光。班队会课上各班的教室就成了学生们展示的舞台:有的引吭高歌、有的舒展舞姿、有的妙语连珠……班级活动,充分发挥学生的主体作用,获得"缄默知识",陶冶情操,使学生在活动中体验生活的真谛,感悟做人、做事的道理。探究活动是我校的特色,每个班级都有探究小课题,每个班级有一块探究园地,每月更新内容,呈现探究轨迹,学生们一起学习和分享。每个班级还有一本探究资料册,摆放每次探究活动的第一手原生态的资料。学生们组建合作型探究小组、自主选定探究主题、自定活动计划。小组成员各尽所能,发挥自己的优势:口才好的学生担任采访员,绘画能力强的学生担任策划员(记录员),细心的学生担任材料保管员。大家互相帮助,碰到困难互相鼓励,使每个小组成员共进步,感到小组是个快乐的小家,班级是个温馨的大家。

三、开展主题教育,培育践行核心价值观

学校以党的十八大、十九大精神为统领,以培育和践行社主义核心价值观为核心目标,以少年儿童全面发展为己任,整合多方资源,努力创新,开展丰富多彩的教育活动,让学生"在活动中受教育,在活动中求进步",培育理想信念,学校大队部被评为市"红旗大队"、市"乡村学校少年宫",连续12年在浦东新区基层少先队工作年度考核中获优秀;并在市、区组织的各类少先队竞赛活动中屡获佳绩。

(一)民族精神教育活动,学习社会主义核心价值观

　　丰富多彩民族精神教育活动给孩子们搭建了学习和实际的舞台。近年来,学校大队部开展了"十万少年看浦东""向国旗敬礼、做有道德的人""学习雷锋、做美德少年"等网上签名寄语活动、"红领巾相约中国梦"网上知识竞赛等系列活动:队员们随手拍、随心画、随笔写用眼光捕捉、用心灵感受、用相机拍摄、用画笔描绘、用文笔记录美丽浦东,感受上海的变化,祝福祖国的美好心愿。同时大队部还以春节、元宵、清明、端午等传统节日开展"喜气'羊羊'迎新年""金猴闹元宵"、清明节网上祭英烈、"端午佳节飘粽香"等活动,来了解传统节日习俗,感悟其中包含的友善、孝敬、仁爱、感恩等内涵。大队部还开展了"经典文化进中队"系列活动,学习《三字经》《弟子规》、古诗、成语等,感受中华经典文化的独特魅力,各中队开展成语故事大赛、唐诗、书法、国画比赛等,每间教室开辟了书法国画版面,营造出良好的文化氛围,学校出版了《读传统小故事,颂核心价值观》核心价值观读本,传承中华民族优良传统,弘扬社会主义核心价值观。

(二)社会实践体验活动,践行社会主义核心价值观

　　广袤的社区是学生践行社会主义核心价值观大练兵的好场所,学校大队部组织开展了多种形式的社会实践活动:"红领巾引领爱国梦""体验快乐假期点燃美丽梦想""小小职业梦想家"

"爱心满校园，快乐你我他""片片爱师情，浓浓尊师意""花样六一节，快乐少年梦"与西藏日喀则市江孜县热索乡小学书信手拉手活动、参加河东居委庆祝三八妇女节庆祝活动，慰问学校里因农贸市场火灾而受灾的同学等，引领队员们在实践中成长，感悟核心价值观内容，实践价值观行为，传递正能量：热爱祖国、勤奋好学、积极劳动、遵守秩序、助人为乐、孝老爱亲、文明有礼等道德品质在队员们身上得以体现。学校还在各年级开展隆重的仪式教育：一年级"苗苗绽颜展新姿"入团仪式，二年级"花儿朵朵亮校园"入队仪式，三年级"队旗飘扬启航程"十岁集体生日，四年级"花海万年祭英烈"祭扫仪式，五年级"感恩母校我成长"毕业典礼，引导队员们在庄严的仪式中，将核心价值观融于心灵，体现于行动。

（三）生命教育探究活动，体验生命的意义和价值

每个班级都有一个探究小课题，学生们在辅导员老师的指导下开展探究活动，他们自主开展小组合作，发挥团队合作的优势，探索与生命相关的科学知识，开展生命认知、生命体验和生命实践的合作探究活动：有的去浦东图书馆查阅资料，有的到社区采访长寿老人，有的去小区做健身器材的小调查；还有的去浦东垃圾焚烧厂、上海第一妇幼保健院（东院）、宜家家具城、东昌汽车城参观访问。他们去沪南公路拍摄景观绿化，学种蔬菜、学制小游戏器具，学做动力小车，争做健康小达人、健身小标兵、环保小卫士……在一次次的生命探究实践活动中，学生们体验着生命的美丽，理解着生命的意义和价值，学习着关心自我、关心他人、关心自然、关心社会。学校也尝试开发了《生命魔方》探究课程，低中高年级三册校本课程，课程分成"生命与自然、生命与自我和生命与社会"三个板块，"动物与植物、奇妙的人

体、愉快的生活"等九大主题的 36 个小课题,提升了生命教育的效果。

四、落实行规训练,培养自主发展能力

学校重视学生的养成教育,把"养成道德好习惯,争做五好小公民"作为学校行为规范工作的教育内容。在行为规范养成教育中注重"六个一点":制定行规目标时,注重"近一点、小一点";选择行规内容时,注意"实一点、真一点"设计教育形式时,注重"新一点、活一点",把学生培养成为"举止文雅遵纪守法积极乐观"的阳光少年。

(一)行规目标具体化

学校制定的《御桥小学行为规范分层指标体系》,分年级制定养成教育的目标和重点:一年级"团结友爱"的班级小同学,及时感谢别人的帮助;二年级"举止文雅"的校园小学生,微笑待人;三年级"感恩关爱"的家庭小主人,每日为父母做件事;四年级"彬彬有礼"的社区小居民,主动打招呼;五年级"文明交往"的社会小公民,礼貌用语常用上。每学年根据实际情况落实、调整行规训练内容,创新行规训练的途径,达到行规训练的实效。2012 年度学校从"环境卫生、早操队列、行为习惯、学习风貌、爱护公物"五大块内容按照不同主题和要求分类进行行规训练。2013、2014 年度两学年学校以"进校好,上课好;吃饭好,路队好;如厕好,课间好;活动好,队列好"八个好为重点;每周都有行为规范训练重点,从细微处入手,逐步改变学生的不良行为习惯。2015 学年度学校结合 2015 版《中小学生守则》,根据学生实际、班级实际、学校实际,从领巾佩戴、文明用餐、课间礼仪等10 项内容进行调整和巩固。

（二）教育成果激励化

学校以少先队大队的名义向全体师生发出践行文明礼仪的倡议，动员师生人人争做文明礼仪的宣传者、实践者、示范者。根据学校的每周学生行为规范教育重点，进行强化训练，做到评比结果每周一公示、一小结。通过评比活动，逐步使学生从"要我这样做"转变为"我应该这样做"，使良好的行为习惯内化为自觉的行动。基于每位学生行为规范表现的差异性与可塑性，在平时的工作中，我们注重"行规闪亮随手拍""流动红旗到我班"等展现教育成果，激发学生荣誉意识，增强工作的实效性。学校每学期还通过评比"美德小达人，学雷锋小标兵、阳光少年"等，引导全体学生主动积极地学习，确定自己的榜样，确定自己的目标，主动实践，在实践活动中提高、成长，同时能以点带面，在各方面促进学生规范言行，同时在全校营造积极向上的良好氛围。

（三）行规检查多样化

学校组建了以大队委员为组长的"红领巾值日监督小组"和以普通队员组成的"小白鸽礼仪队"检查每天的行规。每天的早读、早操、卫生、午间活动都有小值日员抽查指导，每周通过红领巾广播，学校公示栏、升旗仪式及时反馈，以规范队员在校一日常规，督促队员养成文明守纪的礼仪行为。每周行规检查学校教师有德育室、卫生室、行政领导、任课老师抽查学生的两分钟预备铃、自护公物、三操风貌等综合评定，每个项目行规分值评比中较好的班级得一颗星，在每周升旗仪式上，对优秀班级颁发流动红旗。学年末，星级达标班级将授予"行为规范示范班"称号。每学期学校还邀请家长代表到校进行行规督查，对学生的课间礼仪，午餐文明、路队有序等内容进行测评，让家长了解学校教育的内容，形成教育合力，同时将学校教育延伸到家庭、社区。

五、开发德育课程，夯实道德教育基础

德育课程建设是夯实德育基础、提升德育效能的前提性条件。德育课程内容和架构的改革是德育新课程改革的重要内容。德育新课程改革实施十多年来，德育课程内容改革的成效如何是一个值得关注的现实问题。调查显示，德育新课程内容改革中存在着活动性内容设置偏多、对知识性内容"妖魔化"、部分内容层次水平过低、内容设置逻辑系统性不足等一系列问题。因此，当前我们迫切需要在课程改革过程中破除"两极对立"的传统思维观念，树立全面辩证的课程改革观，并在实践中消除矫枉过正问题，以保证课程内容改革的良性运行和逐步深化、在这个过程中，如何发挥一线学校的自觉性与主动性，建构校本化的德育课程体系，是一个尤其需要关注的重要问题。

在学校看来，百年树人，德育为先，我们德育教导要开展学校的德育教育，首先要了解德育工作的内容，才能做到有的放矢。通过学习"上海市课程计划"和《上海市中小学专题教育整合实施指导意见》，了解德育工作的基本内容，那么如何呈现德育内容的教育性、多样性、递进性和实施时的时效性、体验性、系统性呢？德育活动中"几个碎片化的活动场景，几个与生活割裂的活动方式，几篇学生的活动体会"这样蜻蜓点水式德育活动能入耳入心吗？那么如何呈现德育活动评价的过程性、表现性和真实性呢？这就需要我们的德育教导要对德育内容进行系统思考与顶层设计，在学校办学理念和四年规划的引领下，尝试建构德育课程，夯实德育基础，让课程助力师生发展。

（一）制定课程目标

学校首先制定了德育课程的目标，通过目标引领，建构与实

施课程,形成德育品牌。我们建构的德育课程目标具体包括三个维度:

其一,通过建构德育课程,不断开发和实施符合学生年龄特点、满足学生兴趣爱好和个性特长的课程内容,促进学生全面而有个性地发展,健康快乐地成长。

其二,通过德育课程的开发与实施,提升教师课程开发的意识与能力,拓宽自身发展的平台,促进自己专业的发展。

其三,通过对德育课程的梳理与调整,逐步完善优化课程的内容及架构,修订调整课程纲要,开发课程实施的资源等,保障德育课程的良性发展,培育学校的德育品牌,提升学校的办学影响力。

(二)细化培养目标

学校德育可以以国家的培养目标和学校四年规划中的育人目标为基础,按照学生的成长和发展规律,细化德育的校本培养目标,形成低中高各年级段的课程要求(参见表2-1)。

表2-1　御桥小学德育培养目标体系表

	低年级	中年级	高年级
讲礼仪	知道生活基本常识,识记良好习惯要求,并在学习生活中逐步形成;形成爱班级、爱学校、爱父母、爱老师的真实情感。	懂得基本的做人道理,必要的处事能力,形成基本的行为习惯;养成对自己、对班级的责任感;树立较强的自信,形成爱学校、爱社区的情感。	懂得为人处事的基本准则,树立正确的人生观,能处理个人与集体的关系,具有诚实、守信的品格,形成较强的自信心,善于合作,充满创造力;具有爱家乡、爱社会、爱国家的情感。

	低年级	中年级	高年级
善学习	热爱学习,掌握低年段课程标准规定的要求;基本养成听说读写的良好习惯。	热爱学习,形成浓厚的学习兴趣,掌握中年级课程标准规定的要求;进一步养成听说读写的良好习惯,能初步将所学习的知识与技能运用于实践。	热爱学习,保持浓厚的学习兴趣,掌握高年级课程标准规定的要求;养成较好的听说读写的良好习惯;能熟练的将所学运用于生活。
乐合作	能听明白别人意思,能清楚表达自己的想法。能与小组成员相互交流,相互帮助,能愉快地共同完成任务,体会合作的快乐。	仔细听明白别人的发言内容,能简洁表达自己的观点。乐意服从小组分工,有序参与小组活动,有了不同意见互相商量,体会合作的必要性。	认真听明白别人的发言要点,能大胆提出不同观点。有序组织小组活动,善于分配和安排小组工作,能主动协调不同意见,学会自我反思,体会合作的有效价值。
有情趣	感受到体育活动、美术、音乐等会给自己的生活带来的各种乐趣;培养良好的兴趣爱好,对生活充满爱意。	通过参加各种艺术类社团,慢慢形成自己的兴趣特长;积极参加体育锻炼,基本掌握1—2项运动技能。乐于参加有益的健康文体活动,提高生活质量。	能在活动中发挥自己的兴趣特长,掌握2—3项体育运动技能,并成为特长项目,参与有创意的社会实践活动,拥有强烈的社会责任感,创造美好生活。
敢负责	自尊自律,能主动帮助别人。学习中华优秀传统文化,具有文化自信。具有开放的心态,初步知道世界文化的多元性。	能主动作为,为自己和他人负责。传承中华传统文化,拥有文化自信。具有开放的心态,能尊重世界文化的差异性。	明辨是非,具有规则和法制意识。传播中华传统文化和社会主义先进文化。怀着积极的心态,参与世界跨文化交流。

	低年级	中年级	高年级
能创新	能对日常常见问题提出"为什么",并能尝试去探究问题的答案。能独立思考,学会倾听,遇到有兴趣但不太懂的事情喜欢问教师、问家长,会动手查资料、找答案。	能对自然界现象提出"为什么",对所提出的问题进行比较和评价,并尝试用简单的工具进行较细致的观察,解答问题,能表达与他人不一样的解决问题的方法与策略。	能对人生问题提出"为什么",并能独立探究问题的答案,对自己有自信,能动手实践操作,在小组合作学习中,能表达自己的感受和有力的观点,有个性的解决问题的方法与策略。

（三）构建课程内容

学校可以通过收集、整理、学习相关德育工作文件,汇总实际工作中所得的材料,反复推敲、修改,最后整体构建德育课程体系。如我校"红色灵动魔趣"德育课程体系,就包含"友善之韵、领巾飘扬、酷跑少年、微爱行动、节日礼花和习惯养成"六大课程。

"友善之韵"礼仪专题教育课程:从分层行规教育入手,细化年级专题教育:一年级健康教育,二年级安全自护,三年级环境保护,四年级心理健康、民防教育,五年级国防、毒品预防、法制教育等,培养学生的文明礼仪修养和道德水平。

"领巾飘扬"仪式教育课程:旨在通过仪式教育,培养学生的集体荣誉感、自豪感和自信心。在"共筑梦想齐前行"开学典礼,"花海万年祭英烈"等庄严而规范的仪式中,展示传承中华文化,立志追逐梦想的决心和行动。

"酷跑少年"社会实践活动课程:旨在通过"我的假期我做主、我为植物挂名片、缤纷岗位小达人"等社会实践活动,让学生认识、了解社会、参与社会活动,促进身心健康发展。

"微爱行动"志愿者服务课程:旨在通过走进社区参加公益

义卖,到幼儿园帮助弟弟妹妹们穿穿衣、前往敬老院为老人们表演节目等,培养学生的实践能力,服务意识和交往能力,用微小的行动传播爱的正能量。

"节日礼花"节庆活动课程:旨在让学生既走进"灯谜汤圆闹元宵""尊老敬老鹤重阳"等中国传统节日,又走进"雷锋精神我点赞""接力添彩红领巾"少先队建队日等重要的纪念日,感受节日氛围,了解节日内涵,传承家国情怀。

"习惯养成"网上微课程:学生在家长的指导下学习包括礼仪、卫生、劳动、安全、饮食习惯、运动 6 个篇章的内容,养成 20 个好习惯,将好习惯从学校延伸到家庭和社区。

(四) 组织课程实施

学校将德育课程纳入学校课程计划,通过实践活动、课堂教学、探究活动和社团活动来实施。

1. 主题实践活动

学校德育课程要以党的十九大精神为统领,以筑梦、追梦、圆梦为主线,采用校级、年级、班级、小队相结合的方法,以主题班会、主题队会、十分钟队会、实践活动、亲子活动等通俗易懂、喜闻乐见的形式开展教育活动。

"美丽校园弯弯腰""欢欢喜喜中国年""花样年华六一节"等活动让全体学生共同参与,学生们用眼光捕捉、用相机拍摄、用画笔描绘、用文笔记录,感受生活的变化,祝福祖国的美好,弘扬社会主义核心价值观。

分年级仪式教育隆重规范,学生们在庄严的仪式中,将核心价值观融于心灵,可体现于"微爱"志愿者行动中,以年级为单位,中队或小队灵活开展"伙伴互助帮帮学""幼小衔接穿穿衣""健身器材擦擦亮""独居孤老聊聊天""与云南小伙伴的手拉手"

等,这些活动由点到面、由浅入深、精心设计、讲究实效,收到良好的效果。当然每次开展主题实践活动课程都制定安全预案,杜绝安全事故的发生。

2. 全科实践活动

学校可以积极尝试将德育活动改变成一个个"全科实践"活动课程:将活动与学科结合起来,将活动与生活结合起来,将活动与实践基地结合起来。如下表是二年级"国旗照耀中国梦"的活动设计(参见表2-2),学校将整个主题设计成为一门"全科实践"活动课程,这样活动与学科的边界模糊了,多学科融合支撑同一个主题,活动内容从封闭走向开放,给了学生们一个无限广阔的知识世界,从而尝试着克服活动碎片化的弊端,践行人人都是德育工作者的理念。

表2-2 御桥小学"国旗照耀中国梦"活动设计

时间	内容	结合学科或活动
第一周	启动课程:观看《开国大典》说说国家的名称、国家主席等	班会课法制与道德课
第二周	画画:北京天安门	美术课
	唱唱:我爱北京天安门	唱游课
	体育游戏:我乘飞机去北京	体育课
第三周	读一读:一个介绍国家的绘本故事;说一说:我爱祖国妈妈!	语文课
第四周	看看祖国的地图,找找上海、北京在地图上的位置	自然课
9月30日	课程展示:人人表演唱《我爱北京天安门》	班会课
国庆节	课程拓展:外出旅游,看看祖国的美景	社会实践活动

3. 探究实践活动

学校要认真执行《上海市中小学生生命教育指导纲要》，保障时间、内容、效果的落实。我校开发了《生命魔方》低中高三册校本教材，每个年级通过探究课实施生命教育，每学期探究三个小课题，每个小课题用五个星期，按学期滚动学习。

表 2 - 3　御桥小学《生命魔方》课程

课程版块		生命与自然	生命与自我	生命与社会
课程内容	低年级 主题	动物与植物	奇妙的人体	愉快的生活
	低年级 内容	美丽花花世界	五官和四肢	我们的校园
		奇妙树叶王国	骨骼与肌肉	身边的变化
		动物护身法宝	人体五大系统	我们的小区
		长寿动物探秘	我从哪里来	我家的亲戚
	中年级 主题	资源大搜索	运动与健康	安全小常识
	中年级 内容	塑料的应用	少儿健身好方法	安全标识
		一次性用品	健身器材小调查	居家安全
		新能源开发	体育传统小游戏	水火安全
		丰富的资源	健康饮食好习惯	交通安全
	高年级 主题	环保齐参与	学做小当家	生活百事通
	高年级 内容	垃圾巧处理	各式各样的工具	求医问药
		节约水资源	家用电器的使用	出行购物
		让绿多一点	各种药物的使用	旅游交通
		拒绝光污染	烟草毒品的危害	金融理财

4. 社团实践活动

学校认真执行《上海市中小学生民族精神指导纲要》，开设人文底蕴的社团，比如魅力戏剧，刨花畅想，青花韵味，墨笔飘香、水墨印象等德育社团课。

这些社团结合"课程目标,课程内容,课程实施和课程评价"四要素,积极开发校本课程。德育社团通过寓教于乐的课程内容,采用"行、习、赏、唱、礼"等形式,让学生亲身实践、体验、学习优秀传统文化,提升师生的民族意识和人文精神,感受家国情怀,增强民族自豪感和建立文化自信心。

表2-4　御桥小学社团课程

编号	类别	校本教材
1	礼仪教育类	《三字经》《百家姓》《弟子规》《论语故事》《习惯养成》网上微课程及《小学生合作素质》读本
2	传统故事类	《读传统小故事送核心价值观》
3	节日活动类	《节日礼花》
4	民间游戏类	《传统体育小游戏》
5	民族技艺类	《书法——墨笔飘香》《国画——水墨印象》及非物质文化遗产《刨花畅想》
6	传统艺术类	《黄梅戏剧》《花鼓韵味》
7	风土人情类	《浦东风情》《舌尖上的中国》《一起去旅行——美丽中国》
8	古诗吟诵类	《读读吟吟唱唱舞舞》
9	安全教育类	《小公民在行动》

近几年,学校德育工作成绩斐然,学校获得了上海市"十二五"家庭教育指导基地,上海市乡村少年宫学校,上海市心理健康达标校,上海市红旗大队,上海市安全文明校园、浦东新区法制教育示范校、浦东新区优秀家长学校、浦东新区绿色学校等荣誉称号。同时,在德育教育的开展过程中,我们也形成了对学校

德育工作有效性的一些系统思考,也能够在一些公开场合表达我们的德育思悟与实践:"论德育的有效性",立德树人,育人为本,德育为先。教育的目的何在? 学校教育的使命是什么? 笔者认为,教育是认识人培养人的伟大事业。教育的目的就是塑造人,陶冶人,培养人,使人有良好的修养和完善的人格。而学校教育本质是一个社会化的过程。它要为儿童将来的社会生活奠定基础。为此,我们做管理特别做德育的要多研究一点儿童。因为儿童是一个个鲜活的生命,他有选择的权力、表现的欲望,他们呈现出好奇、自由等特性,他们在学习生活中会不断发展和生长,当然他们又存在很大差异,有些是恨铁不成钢,有些需要静等花开。当我们有了更多的对孩子的了解,才会形成正确科学的教育观,我们所做的一切,特别是德育活动的设计组织,目的就非常明确,是为了促进儿童的发展,在差异中研究他们的成长规律,研究儿童化的教育方式。

有一句话"感人心者,莫先乎情"。德育管理必须要走进学生的心灵,去影响、感染、震撼、教育他们的心灵。要避免设计教育活动模式化、成人化、机械化,追求高大上、功利性,要站在儿童的立场去思考去研究,多些活动的自主性、趣味性、实践性、情景性、陶冶性、生活性。学校教育的本质就是一个生活化、感性化的过程,我们的活动从策划到设计一定是站在当下教育改革的形势,站在学生未来核心素质的要求上,去思考能为儿童将来的社会生活奠定基础的东西,那么我们的教育就是功德无量。

一、德育常规追求常态,关注细节和激励。德育常规教育很多很多,有的在基础型学科中,有的在德育班队会等主渠道中,我们说这些常规教育,如行规教育 10 条,安全教育、礼仪教育若干条,这些成为学生每天的营养家常菜。我们或许天天讲,日日叨,但学生呈现出老师在与不在不一样,效果也不佳。但如果我们不追求面面俱到,阶段性提出具体要求,但每提出一项要求就要追求常态管理,关注难点细节问题,抓住学校契机注重激励,将常态的教育变成德育工作的有效载体,学校在任何时空都营造润物细无声的氛围,我想这就是学校三风——校风学风教风的常态建设,我们要求教师做好榜样导师,学校借助升旗仪式、广播、教师会议经常鼓励、表彰、展示,让身边的榜样、先进成为学生自我教育自我反思效仿的楷模。慢慢的,德育的重要内容三风建设就成为师生的生活学习方式,孩子们身处其中没有轰轰烈烈,但也可以成为他们的骄傲。我想,这里的德育活动要做的细节很多:有德育分层目标的确定,有分类教育的细化,有分条线评估的执行,有项目奖励的表彰。但是这样的静态德育活动起到的作用不亚于一次大活动,很激动很振奋,但没有留下很多的记忆。它可以引导孩子从他律走向自律,有内化变为自觉。所以常态德育活动需要慢慢磨、慢慢理,需要精致精细化的管理,相信五年的熏陶,我们的学生在主体参与中会不断成长,它的作用可以用以小见大来比喻(如落实到升旗仪式、班会课教育、义卖活动中)。

2. 德育活动趣味好玩,鼓励主动参与。如果说德育常规活动是学校的基础工程,是学校稳定的前提,她教育学生能安静下来,能掌握学习生的规则习惯;但多姿多彩的主题德育活动就是学校的形象工程,是学校发展的好抓手,是联系家校的坚强纽带,对学生是锦上添花,给他们展示表现交流的平台。记得爱因斯坦说过:当在学校所学的一切全部忘记之后,剩下的才是教育。是的,我们每一个人可以思考一下,孩子在学校除了从无知变得有知,一般全在德行做人这方面了,一学期的忙忙碌碌,留下的也可能是精彩的主题活动。所以,我们围绕德育目标一定要换位思考,这样的活动有意义吗?去年怎样做的,今年该有什么突破,与去年的又有何联系?因为活动不是简单的重复,而是在原有基础上的提高,我们对儿童的教育要走向哪里?目标是什么?只要是学生喜欢的,那一定是有趣的、好玩的;学生能够积极主动参与的,一定是学生在全身心投入后有体验、有发现、有意义的。我很认同,德育生活化、德育课程化、德育多维化(如落实到艺术节、科技节中)。

3. 德育活动立足校本,做出特色。德育工作在学校中的地位非常重要,特别随着核心素养的颁布,学校课程就像一张四通八达的网涵盖了学校所有的教学教育、社团活动。而德育活动属于拓展性课程,他是一张品牌,他是体现办学理念和育人目标的很好载体,所以德育品牌项目的策划组织,他一定是举全校之力,提前做好顶层策划,班子团队具体实施,组织全员执行指导。这时候学校举行的大型活动从时间、人员、资金等各方面得到保障,杜绝出现条线打架,杜绝德育主任单打独斗,杜绝班主任形单影只,全校所有的教师学生包括家长都积极参与,当然我们组织者要思考几个问题:活动设计科学适切吗?活动内容体现时代性吗?孩子们会喜欢吗?活动全过程还有调整吗?活动可能会出现什么问题,预案做好了吗?活动结束如何总结评价?因为我们对自己的德育工作一定要有清晰的认识,因为它千变万化,我们如何抓住重点,突出主线,经常要问自己三个问题:为什么?是什么?怎么样?为什么体现重要性,是什么体现科学性,怎么样体现规律性。基于这样的思考,我们对活动的设计一定要选择,如何选,怎样选,这需要不断地学习思考研究。如艺术节、体育节,可发挥全员参与,全科动员,全程评价,家庭投入,全年渗透。这样的德育活动选择有学校的特色和基础,是行之有效的,是师生欢迎的,因为它呈现了学校的理念和育人目标,更关键的是让孩子们留下了难忘的回忆,有一句话,不求人人成功成才,只求人人成事成人。德育活动不是选拔,是要回归学生的生活,回归每个学生的发展,这才是教育的本源。

4. 德育活动注重环境设计,养心养人。德育活动的组织设计除了活动主题、活动内容、活动形式,活动评价,活动环境的创设营造也是非常重要的一大资源,因为现在是一个经济发达的时代,是一个人际交往的时代,创设互动体验的场景,表现出的是灵动丰富、绚丽的博人眼球的场景,既增加视觉效果的美感,又赋予了教育情景的感染作用,从而保障我们的活动既能做到全覆盖又可保持新常态与人文性。

德育工作者的事业是一份与时俱进的事业,需要不断学习、不断实践和不断反思。让我们回归学生本源,立足每个学生的发展,书写德育的新篇章。

【本章启示】

好孩子不是得第一名,而是被唤醒内心的种子

学校的最终目的,办学的最大效益,就在于全体学生的全面成长。

学生成长,是学校的第一要务,也是办人民满意的教育的体现。在学生健康幸福成长的的基调中,永远有教育人的情怀。成长要付出努力,也会遇到困难,但学校要有服务学生成长的意识和能力。

　　在学生成长中,对每个学生而言,会呈现不同的状态,这是正常的。学校要在满足学生全面成长的基础上,实现个体学生的多元发展。学生全体的成长和学生的全面成长,是共同目标的基础性指标,而学生的个性成长、个性成长中的多元发展,同样是共同目标中的个别化指标。

　　曾经看过著名作家林清玄的一篇短文,名字叫"好孩子不是得第一名,而是被唤醒内心的种子",作者回忆的是他自己的成长故事,传递的却是学校教育活动的重要价值和理性认识。成绩不是学生成长的唯一考量因素,学生的成长也不能以牺牲道德、牺牲自我来换取,要唤醒学生内心的种子,就要根据孩子的特点来开展教育,给学生一方自由生长的"池塘",让学生的成长在学校育人理念与方式的转型中真正呈现"如鱼得水"的理想状态。

第三章　课程建设——倾听核心素养落地的声音

　　课程与教学是学校教育活动的最核心问题，也是推动学校教育改革、实现学校发展目标的关键性问题。"课程"是一种有计划地安排学生学习机会的过程，使得学生获得知识、参与活动、丰富经验。从本质上说，它是开放的、民主的、科学的。因此，课程不仅是一种过程，一种结果，而且还是一种意识，一种关系。教育的核心力量毫无疑问是课程。只有课程变了，教师才能变，学生才能变，学校才能变。所以改进学校工作，促进学校整体发展必须从课程建设开始。

　　课程这个术语（或概念），经过 20 世纪近百年教育学术的发展，已演变成社会大众熟知且学者常用的专业术语、专有名词和日常生活习惯用语。尽管学者及大众在使用"课程"一词时，所赋予它的意义（或内涵）有相当差距，对课程概念的具体解读也不尽相同，但是，课程建设和课程改革对于国家、学校和师生发展的重要意义却在所有的研究之中反复被提及。对于任何一所学校来说，明确课程改革与课程建设的重要意义，想方设法推动课程领域的校本化构建，是提升学校核心竞争力、核心发展力的必然选择。

　　当前，我国基础教育正从"知识本位"时代走向"核心素养"

时代。这也是一个全球性的教育趋势。核心素养是每个人发展与完善自我、融入社会及胜任工作所必需的基础性素养,是适应个人终生发展和社会发展所需要的必备品格与关键能力,是个体应具有的起基础和支撑作用的素养,推动指向于核心素养培育的学校系统变革已经成为当前中国基础教育改革的大势所趋。特别是对于学校的课程建设,应该在坚守学科逻辑的遵循与超越、学生个性的适应与促进、教师自我的追寻与规约等基本价值的基础上,融合核心素养的基本理念,倡导指向于核心素养培育的课程建设与实施理念,让学校的课程建设成为核心素养落实落地的重要依据与支撑。

第一节　正视核心素养的教育价值

早在 1996 年,联合国教科文组织即在《教育:财富蕴藏其中》的报告中,提出了 21 世纪公民必备的"基本素质",即终身学习的四大支柱;欧盟 2005 年发表的《终身学习核心素养:欧洲参考架构》正式提出八大核心素养;经合组织于世纪之交开展了"素养的界定与遴选"项目研究,将核心素养体系概括为"人与工具""人与自我"和"人与社会"三个方面。多数国家强调的核心素养涉及学会学习、自主发展、信息技术素养、团队合作等方面。

2014 年教育部颁布了《关于全面深化课程改革落实立德树人根本任务的意见》,提出"将组织研究提出各学段学生发展核心素养体系,明确学生应具备的适应终身发展和社会发展需要的必备品格和关键能力"。2016 年 9 月,《中国学生发展核心素养》文件正式出炉,以培养"全面发展的人"为核心,分为文化基础、自主发展、社会参与 3 个方面,综合表现为人文底蕴、科学精神、学会学习、健康生活、责任担当、实践创新等 6 大素养,具体细化为国家认同等 18 个基本要点。

一、核心素养的基本内涵

时下,核心素养跃升为我国基础教育界的新热点,成为大家眼中借以深化基础教育课程改革、落实素质教育目标的关键要素。那么,核心素养到底是什么? 有何特定内涵? 或许通过不同研究中的核心素养概念之比较,我们能够进一步把握这一概念的基本内涵。

(一)世界经合组织的核心素养界定

"核心素养其实是一个舶来品,代表性的如经合组织[OE(3)]1997 年 12 月启动的"素养的界定与遴选:理论和概念基础"项目,经过多年的研究,OE(3)于 2003 年出版了最终研究报告《核心素养促进成功的生活和健全的社会》,将有关学生能力素养的讨论直接指向"核心素养",并构建了一个分别涉及"人与工具""人与自己"和"人与社会"等三个方面的核心素养框架,具体包括"使用工具互动""在异质群体中工作"和"自主行动"共三类九种核心素养指标条目。

(二)欧盟的核心素养界定

作为与终身学习战略并行的教育变革的指导体系,核心素养已成为近十年来欧盟教育发展的支柱性理念。欧盟希望以核心素养取代传统的以"读、写、算"为核心的基本能力,引发并指导各成员国的课程变革。2006 年 12 月,欧洲议会和欧盟理事会通过了关于核心素养的建议案,向各成员国推荐母语、外语、数学与科学技术素养、信息素养、学习能力、公民与社会素养、创业精神以及艺术素养等八大核心素养体系,每个核心素养均从知识、技能和态度三个维度进行描述。在这一建议案中,核心素养被定义为：在知识社会中每个人发展自我、融入社会及胜任工作所必需的一系列知识、技能和态度的集合。欧盟核心素养的核心理念是使全体欧盟公民具备终身学习能力，其突出特点在于统合了个人、社会和经济三个方面的目标与追求。[①] 相比分科知识，欧盟的核心素养理念具有更强的整合性、跨学科性及可迁移性等特征。

（三）国内研究中的核心素养界定

国内研究者的观点大致受到上述两个代表性观点的影响，比较有代表性的研究者如钟启泉、张华、崔允漷、辛涛、褚宏启等，这些研究者们通过对核心素养相关概念的梳理，融合对当前中国基础教育改革的系统认知，普遍认为，核心素养就其内涵而言，应当以个体在现在及未来社会中应该具备的关键能力、知识技能及态度情感等为重点；就学科属性而言，核心素养并不指向某一学科知识，并不针对具体领域的具体问题，而是强调个体能够积极主动并且具备一定的方法获得知识和技能，从人的成长发展与适应未来社会的角度出发，跨学科跨情境地规定了对每一个人都具有重要意义的素养；就功能指向而言，核心素养的功能超出了职业和学校的范畴，不仅限于满足基本生活和工作需要，而更有助于使学生发展成为更为健全的个体，能够更好地适应未来社会的发展变化，能够达到促进社会良好运行的目的。

二、核心素养的多元价值

核心素养是为解决现代社会发展衍生的具有时代性的教育实践问题而诞生的育人目标新体系。核心素养提出的本质是教

---

① 裴新宁,刘新阳.为21世纪重建教育——欧盟"核心素养"框架的确立.全球教育展望,2013(12).

育哲学的本体性回归，即由现代教育的知识本位的教育哲学观，回归到基于人本位的教育本体论。既然知识无法学完，那么，我们转变一个视角，从谁来学的角度思考教育问题，这就是让教育的本体再次回归到学习者，回归到人，回归到教育的真正本体，回归到人的需要。世界经济合作发展组织从这个教育本体的视角，选择了一个概念，即"素养"。素养是与人相伴的通过后天学习而形成的能力和品格。但有限的教育时间无法培养人的全部素养。通过对人的核心素养的遴选，实现"以少胜多"的效果。在每个人有限的学习时间里，发展其最为核心的素养，从而使其具有持续学习、生活发展、参与社会生产所需的必备品格和关键能力。而人生所需的其他素养的发展，则通过核心素养逐步撬动其发展。因此，核心素养是最必要、最关键的基础性素养，是超越知识、能力和态度的综合表现。从知识本位到人本位的教育哲学本体回归是核心素养提出的根本原因，是教育哲学的本体论回归，也充分体现了核心素养对于人的全面发展、成长需要和适应未来社会的关照。

因为关涉到人的发展，而人的发展又具有复杂性特征，因此，核心素养的价值和影响是深远的，呼唤的是学校教学与管理的系统变革。从学校变革与发展的角度看，核心素养的价值与意义最核心的体现是其课程与教学价值。一方面，核心素养为课程内容的确定提供了依据。传统上，我们是依据学科逻辑来确定课程内容的。以学科知识结构及其知识发展逻辑为依托的课程内容的确定与教材编撰，路径相对明确，但内容选择的困难程度日益加大，内容越选越多，所选内容对学生发展的价值却没有保障。因此只有更新教育理念，将课程内容的确定依据从知识在学科中的意义，转向知识在核心素养培养中的意义上来，也即转向能够最大程度促进和提升核心素养的那些知识,才能解决有限与无限的矛盾,解决内容精选的问题。核心素养成为课程内容选择的重要依据,人们基于核心素养来组织课程内容、编写教材,这是课程理论和实践的重大进步;另一方面,核心素养能够引领教师课堂教学。随着素质教育的推进和课程改革的深入,有效教学成为课堂教学改革的重点。向 45 分钟要效率,不论是理论的探讨还是实践的尝试,都取得了阶段性成果。有效教学确实是极为重要的改革举措,但这显然不够。我们应该警惕只追求有效教学,却不问有效地教学什么的全局性盲目的现象。教学的有效性不一定体现人才培养目标的实现程度,也不一定与内容的真理性相关联。我们痛心疾首地承认,我们以素质教育、课程改革的名义向知识本位宣战,但是,知识本位赢了。因为我们除了知识,没有提出更具体清晰的任何目标。今天,我们将以核心素养向知识本位宣战。核心素养的提出,让教师在厚重的书本和习题背后,在置生命于不顾的分数背后,看到了明确的让人成为人、以教育来成人的目标。目标在前,知识为我所有,知识助我成长,用教材教、高效率地教就有了清晰的方向。

三、核心素养的变革需求

核心素养是当前教育研究的热点话题,不过纵观现有关涉核心素养的研究,研究者们的目光多聚焦于基于核心素养的课程改革,而对基于核心素养的基础教育改革关注不足。然而"从本质上说,关注学生的核心素养,就是关注'教育要培养什么样的人'这一最根本的教育问题",所以,尽管当前关于核心素养的研究多将核心素养与课程放在一起,但究其实质,"核心素养的含义已经超越了课程的范畴,从教育学基本理论的角度看,它体现的是一种关于教育的基本假设"。既然核心素养体现的是教育层面的基本假设,关涉的是教育层面的育人规格问题,那么,跳出当前基于核心素养的基础教育课程改革这个小圈子,上升到整个基础教育层面探讨基于核心素养的基础教育改革不仅合法而且合理、不仅重要而且必要。实际上,"当前,以学生发展核心素养推进教育改革与发展,已成为国际教育领域发展的重要趋势"。

核心素养是我国基础教育的新路向、新图景,我们应以核心素养为抓手和契机,全面深化基础教育改革。然而,改革要成功光靠激情是不够的、欠妥的,我们要保持理性。基于核心素养全面深化基础教育领域改革固然令人兴奋、期待,但基础教育改革牵涉面广、领域繁多,改革伊始不宜面面俱到,而应有主次之分、轻重缓急之别,先抓重难点、抓关键领域,集中精力以关键领域之有效、彻底的改革撬动、牵动整个基础教育领域的改革。

基于核心素养的教育变革,首要的关键领域就是中小学师资队伍建设。究其实质,基于核心素养的基础教育改革就是要改革基础教育以培育学生的核心素养,在一定程度上可以说这是对基础教育育人规格与目的的更新与变革。教师是教育理想和理想教育的具体践行者,基于核心素养改进基础教育以培育学生的核心素养,其首要之举就是要基于核心素养抓好中小学教师队伍建设。"教师是教学的具体实施者,在学生核心素养的发展过程中扮演着转化者的重要角色……在核心素养指标体系确立后,要想真正将其落实到学校教育中,教师的转化作用是不可忽视的。"在基于核心素养的基础教育改革中,教师因素不可小觑,当前及今后一段时间应着力落实基于核心素养的中小学教师队伍建设。"事实上,在落实和推行核心素养的过程中,已有各组织、国家或地区都十分重视促进教师的专业发展。"对此，不妨以教师专业发展为突破口，以基于核心素养的教师专业发展改革来培养能全面落实核心素养的优秀教师，这就需要我们以核心素养为图景重构教师专业素质，统整职前阶段的师范教育和职后阶段的教师继续教育，将基于核心素养的教师专业素质落实好。

其次，基于核心素养的课程与教学改革也是一个关键领域。众所周知，"课程与教学是学校教育的两大基础工作，前者主要关涉'教什么'，而后者则主要关涉'怎么教'"。教育改革历来绕不开课程与教学这两大基础性工作，在这场基于核心素养的基础教育改革中，我们非但不能忽视课程改革、教学改革，反而要把二者放在突出、关键位置，积极推进基于核心素养的课程标准研制、基于核心素养的课程体系构建。关于基于核心素养的课程标准研制，目前已有专家团队在做；对于后者，"从以学科知识体系为重到以学生核心素养为重的课程体系价值取向的转变意味着会引起课程目标、课程内容、课程实施、课程评价等课程体系诸要素的变化"。至于教学改革，首要之举是基于核心素养更新教学理念、重塑教育目标、重构教学行为、重组教学组织形式。先前我们的教学是指向三维目标，而今我们的教学要指向核心素养。为此，当前及今后一段时间我们要加强研究，将核心素养进一步细化、具体化、可操作化。公允地说，当前的核心素养还比较抽象，要想在教学中具体落实核心素养，尚需将核心素养细化到学科、具体到学段、可操作到具体的教学行为。

最后，基于核心素养的基础教育改革还要基于核心素养重塑学校文化、改进家校合作。基于核心素养的基础教育改革的根本目的是培育学生核心素养。如何培育学生的核心素养？当前我们的目光主要盯在显性的教育因素上，如课程、教学，实际上学校文化对培育学生的核心素养也很有效果，因此，应基于核心素养重塑学校文化，以学校文化培育学生的核心素养。当然，培育学生核心素养光靠学校还不够，毕竟培育学生核心素养单靠学校一方是事倍功半的，况且有些核心素养的培育特别适合家长在家庭环境中进行。所以，今后应紧密联合家庭、优化家校合作，家校合力去培育学生的核心素养。

第二节　指向核心素养的课程变革

学校改革的核心环节是课程改革，核心素养理念的提出为学校之中的课程变革提供了新的理念与方向。"核心素养"旨在勾画新时代新型人才的形象，规约学校教育活动的方向、内容与方法。基于核心素养的课程发展意味着，无论是课程开发者抑或一线教师都需要在"核心素养——课程标准（学科素养/跨学科素养）——单元设计——学习评价"这一连串环环相扣的链环中聚焦核心素养展开运作。这也就意味着从某种程度上看，核心素养既是课程的目标，又是课程资源整合的依据，指向核心素养的课程变革，已经成为当下学校课程建设的重要路径选择。

一、"六彩魔方"的课程体系

学校以"共创每个孩子的幸福童年"为办学理念，围绕 2016 年教育部颁布的六大核心素养，提出了育人目标，即：通过五年的学校生活，让每位学生努力成为"讲礼仪、乐学习、善合作、有情趣、敢负责、能创新"的幸福少年。

为了实现育人目标和培育核心素养,学校建构了"六彩魔方"课程体系,包含"红色灵动魔趣、紫色探索魔创、橙色健身魔兽、蓝色创新魔笛、粉色畅想魔幻、绿色探究魔力"六大课程,通过设置丰富多彩的课程,让学生们徜徉在无限创意的课程活动中,为全面提升学生的综合素养打下扎实的基础。

(一)红色旅程实践体验

红色灵动魔趣课程:红色象征着爱和热情,灵动魔趣象征着欢乐与趣味。红色德育魔趣课程,力求让学生在欢乐而有趣味的德育活动中,传承家国情怀,培养集体荣誉感,增强社会责任感,学会爱,抒发热情。"友善之韵、领巾飘扬、酷跑少年、微爱行动、节日礼花、缤纷七彩"等系列主题活动构成了欢乐有趣的红色灵动魔趣课程,每个主题活动都精彩纷呈。在"节日礼花"主题活动中,"国旗照耀中国梦""欢欢喜喜中国年""花样年华六一节"等是全校学生共同参与的体验活动,而"灯谜汤圆闹元宵""花好月圆共团圆""雷锋精神我点赞""母恩无限最美丽""尊老敬老鹤重阳""清明踏青祭先烈"等则分年级开展。通过分层实践活动,学生们走进中国传统节日和重要纪念日,了解节日含义,感受节日氛围,传承家国情怀的魅力。

各项实践活动有计划、有过程、有实效,学生们在活动中以积极的表现、独特的创意、优美的文字等各种形式来抒发对美好生活的向往、对伟大祖国的热爱、对未来梦想的追求。在校内外的广阔天空里,学生们犹如一只只小雏鹰搏击长空,怀着赤诚之心,向着红色旅程的前方翱翔。《爱,让我们心手相连》《成功的合作探究之路》分获全国校园电视片银奖、铜奖,"感恩书信大赛"获全国优秀单位,学校获全国乡村学校少年宫、浦东新区首轮"二星级学校少年宫"等。

（二）紫色书海启迪智慧

紫色探索魔创课程：紫色象征着温和与神秘，探索魔创象征着积极探索，勇于创新。紫色探索魔创课程，着力于打造浓郁的学习氛围，让学生携手在广袤的知识世界里探索奥秘，逐步形成积极的人生态度和正确的价值观。紫色探索魔创课程，内容涵盖"经典诵读、七巧板、数独游戏、思维魔方、英文儿歌、ESL 国际课程、妙笔生花小记者"七大拓展科目。学校把古诗与艺术相整合，进行古诗综合实践活动的研讨，开发出"经典诵读"科目，各班学生利用每节课课前 2 分钟、每周一节午会课及古诗诵读课，学习古诗的吟唱，在每学年结束时，各个班级都会开展"古诗读、吟、唱、舞"比赛，评选出班级"诵读之星""最佳吟唱之星"，在感受中华经典文化的独特魅力的同时，激励学生学会倾听、表达与交流。

除"经典诵读，ESL、思维魔方"等智慧探索科目也是百花齐放，20 余个相关科目含盖语、数、英和所有综合学科，丰富了学生的学习生活，启迪了学生的智慧火花。"古诗吟唱"荣获新区"经典诵读在行动"优秀校本课程奖，《阳关三叠》《少年中国说》分获新区朗读比赛二、三等奖；

（三）橙色操场强身健体

橙色健身魔兽课程：橙色象征活力和意志力；"健身魔兽"象征学生通过健身运动，增强体质，像魔兽一样充满着力量。学生通过参加橙色健身魔兽课程，养成热爱体育运动，自觉锻炼身体的好习惯。首先学校开设了"绳毽飞扬"校级科目，为每位学生购买一根绳子和一个毽子，方便学生随时随地都可以进行锻炼。接着开设年级科目：一年级武术、二年级足球、三年级游泳、四年级乒乓、五年级呼啦操。通过五年的学习，学会五项运动技能。同时开设满足学生锻炼需求的跨班科目:欢乐棋社、跆拳道、击剑、传统体育游戏、毽球飞扬、欢乐韵律操、羽球俱乐部等 15 个,学生们根据自己的需求,有挑选性地进行体育锻炼,凸显自己的特长。

学生通过体育课程,在橙色的操场上挥洒汗水,载誉而归。2015 年三年级足球在新区比赛中获得冠军,2017 年 6 月 U11 男子获新区亚军,9 月代表新区参加市的足球联赛,学校被评为"全国足球特色学校"。毽球队连续三届获得市小学生运动会女子冠军、男子两次冠军,10 人长绳获得市第二名,新区阳光大联赛一等奖,武术比赛荣获新区二等奖等。

(四)蓝色宇宙探索奥秘

蓝色创新魔笛课程:蓝色象征深邃和智慧,"创新魔笛"象征学生运用科学探究的过程和方法,奏响无穷无尽的奥秘之笛。学生通过参加蓝色创新魔笛课程,保持和发展对周围世界的好奇心与求知欲,形成大胆想象、尊重证据、敢于创新的科学态度和爱科学、爱家乡、爱祖国的情感;亲近自然、欣赏自然、积极参与资源和环境的保护,关心科技的新发展。蓝色创新魔笛课程的核心是实践,灵魂是创新,为学生提供多类型的课程和开放性的实践活动,包含"小创客、变废为宝、纸艺传奇、纸张叠高、纸艺扎花、废物贴花、小小气象播放员、美丽中国我的家"八个拓展科目。

(五)粉色舞台陶冶情操

粉色畅想魔幻课程:粉色象征甜美、浪漫和青春,"畅想魔幻"象征学生欣赏和学习不同种类的艺术,丰富视觉、触觉和审美经验,徜徉在魔幻多彩的艺术殿堂中。学生通过参加粉色畅想魔幻课程,能以个人或集体合作的方式参与多姿多彩的艺术活动,体验其中乐趣,形成基本的艺术素养,陶冶高尚的审美情操,完善人格。除了基本的音乐、美术课,粉色畅想魔幻课程还涵盖了:刨花畅想、玩转音乐、软陶 DIY、影视配音、儿童速写、小错笔绘画、钻石贴画、多彩编织九个拓展型科目,让学生感受美、创造美、鉴赏美的能力和健康的审美情趣,促进人的全面发展。

我校是新区民族技艺培训基地,学校以"弘扬和传承民间传统文化,繁荣和丰富校园文化生活"的宗旨,创造性地开展"刨花和黄梅戏"两项民族文化传承工作。2015 年刨花社团被评为新区优秀社团,2016 年刨花作品远渡西班牙,传递着中国的文化和友谊,2017 年自编的《刨花畅想》科目被评为市课程比赛三等奖,黄梅戏《女驸马》节目获得全国优秀国学教育文艺作品,并参加新区展演。

(六)绿色世界珍爱生命

绿色探究魔力课程:绿色象征和平,和谐和健康,"探究魔力"象征学生运用各种探究的方法,探索充满魔力的世界。学生通过参加绿色探究魔力课程,开展生命教育小课题探究,学会团队合作,提升生命质量,养成科学探索的精神。生命探究课程内容贴近学生实际,包含 3 个板块 9 大主题 36 个小课题。这些小课题关注社会热点和学生关心的话题,凸显学校生命教育的针对性和实效性。为了有效有序实施绿色生命@探究魔力课程,学校发挥学生的"主体"作用,落实教师的"主导"地位,挖掘家长的"助力"资源,使探究小课题有声有色,内容层出不穷。

学校做到班班有课题,人人能参与。学生们在辅导员老师和家长的带领下开展各种生命探究活动:有的去上海妇幼第一保健院(东院)、小东门敬老院采访,了解生命的生长和成长过程;有的去东昌汽车城、宜家家具城调查,了解利用新能源,提高生活质量;有的去浦东新区垃圾焚烧厂参观,学习如何处理垃圾,践行低碳生活;还有的去小区做健身器材的小调查,了解健康的生活方式,提高生命的质量。在一次次的探究实践活动中,学生们学习并掌握必要的生存技能,认识、感悟生命的意义和价值,培养着尊重生命、爱惜生命的态度,树立积极的人生观。

课程的价值在于为让每个学生都找到合适自己的课程,学校教育就像这个六彩魔方,科目是魔方中那一个个颜色各异的正方体,每个孩子在奥秘无穷的六彩魔方课程中亲身体验,感受成功,体验幸福,也在自然而然之中培育和形成了核心素养,实现了学生全面而幸福的发展(参见表3-1)。

表3-1 御桥小学"六彩魔方"课程内容架构

六彩魔方课程	基础型课程	拓展型课程		课程目标
		限定拓展	自主拓展	
德育灵动魔方	品社	班队会	友善之韵 酷跑少年 节日礼花 领巾飘扬 微爱行动 缤纷七彩	学会与同学、老师交往的方法,在校内与同学间的交往融洽,学习生活愉悦。愿意生活在集体中,能积极主动参加各项仪式教育、社会实践活动、志愿服务活动、主题教育活动、传统节日教育等,在活动中传承家国情怀,培养集体荣誉感、感恩情怀、服务意识,增强学生的社会责任感。在课题引领下,培养学生的合作素质,提高生命的价值。

六彩魔方课程	基础型课程	拓展型课程		课程目标
		限定拓展	自主拓展	
智慧探索魔方	语文 数学 英语	语兴 数兴 英兴	经典诵读 七巧板 数独游戏 思维魔方 英文儿歌 ESL 课程 妙笔生花 记者巡访	在语言学习过程中,形成健康的审美情趣,发展个性,形成合作精神,逐步形成积极的人生态度和正确的价值观。初步掌握学习语言的基本方法,具有日常口语交际的基本能力,学会倾听、表达与交流,以及适应社会生活和进一步发展所必须的数学的基本知识、基本技能,运用数理逻辑思维方式进行思考,增强发现问题和提出问题的能力、分析问题和解决问题的能力。初步学会文明地进行人际沟通和社会交往。以及创新意识和实事求是的科学态度。
体育健身魔方	体育	体锻 武术 乒乓 足球	羽毛球 传统游戏 毽球飞扬 韵律操 棋逢对手	热爱体育运动,坚持参加体育锻炼活动。学习合理锻炼、养护身体的知识。养成自觉锻炼身体的习惯,掌握合理锻炼、养护身体的方法。增强适应、抗病能力,健康的身体和初步的环境适应能力。具有健康身体和环境适应能力。学会自我保健,有一定抗病能力,每学年掌握至少一项以上的体育技能。

六彩魔方课程	基础型课程	拓展型课程		课程目标
		限定拓展	自主拓展	
艺术创想魔方	音乐美术	刨花	玩转音乐 Vocal Music 软陶 DIY 影视配音 儿童速写 小蜡笔绘画 钻石贴画 多彩编织	能够感知音乐旋律的变化,能够体验音乐情绪的变化。能够用自然的声音、准确的节奏和音调有表情的独唱或参与齐唱、合唱。能够对自己和他人的演唱作简单评价。学生能以个人或集体合作的方式参与各种美术活动,尝试各种工具、材料和制作过程,学习美术欣赏和评述的方法,丰富视觉、触觉和审美经验,体验美术活动的乐趣,获得对美术学习的持久兴趣;了解传统美术艺术题材特点,掌握一种地方美术创作技能,激发创造精神,发展美术实践能力,形成基本的美术素养,陶冶高尚的审美情操,完善人格。
科技创新魔方	信息自然劳技	小创客	变废为宝 纸艺传奇 纸张叠高 纸艺扎花 废物贴花	知道与周围常见事物有关的浅显的科学知识,并能应用于日常生活,逐渐养成科学的行为习惯和生活习惯;了解科学探究的过程和方法,尝试应用于科学探究活动,逐步学会科学地看问题、想问题;保持和发展对周围世界的好奇心与求知欲,形成大胆想象、尊重证据、敢于创新的科学态度和爱科学、爱家乡、爱祖国的情感;亲近自然、欣赏自然、珍爱生命,积极参与资源和环境的保护,关心科技的新发展。

六彩魔方课程	基础型课程	拓展型课程		课程目标
		限定拓展	自主拓展	
生命探究魔方	探究型课程		浦东风情生命魔方上海市探究活动包	通过学生合作学习、开展生命教育等课题研究活动,在其合作行动实践研究过程中,着重培养小学生发现问题,应用知识解决问题的能力,以及学生的创造性学力和合作分享的能力,提高生命质量,理解生命的意义和价值。

二、多元开放的课程实施

2014 年公布的《教育部关于全而深化课程改革落实立德树人根本任务的意见》指出:"把核心素养落实到学科教学中,促进学生全面而有个性的发展。"自此以后,核心素养就成为当前教育改革尤其是课程改革中热议的话题之一,核心素养成为课程实施的主要价值诉求。课程实施是指把新的课程付诸实践的过程,①这一过程是在一定的价值取向基础上的,课程实施有三种取向,忠实取向是其中的一个最基本的取向,又被称为忠实观,意指忠实地执行课程变革计划的过程。② 在新一轮课程改革的过程中,忠实取向的课程观越来越受到诟病,倡导通过多种路径综合运用的多元开放的课程实施观念越来越成为主流,成为课

---

① 施良方.课程理论[M].北京:教育科学出版社,1996.130.

② 严仲连,李容香.超越课程实施的忠实取向——"后课改"时代课程实施的再认识[J].教育理论与实践,2017(10).

程实施中培养学生核心素养的关键举措。

在我们看来,课程的实施与管理体现了对课程理念的贯彻与执行,学校为学生创设更加民主的、人性化的课程学习环境,使之成为发展自我的内在需求,同时也让课程实施的过程真正对接学生核心素养的形成。"六彩魔方课程"是国家课程的个性化创造性的处理,它是师生教学活动系统生成整合的充满教学奥妙的课堂实践过程。从课堂深层看,是以学生为基础的针对性教学;从课堂目标看,是培养富有个性、崇尚创新的灵动学生;从课堂结果看,是差异发展的,是在化解难题和成果展示中激发创造和潜能的。"六彩魔方课程"是灵动性、创造性、愉悦性、高效性相统一的课程,也要注重学思结合、因材施教、知行统一。

（一）德育灵动课程的实施

学校德育室、大队部结合未成年人身心成长的特点,在学校"共创每个孩子幸福童年"的办学理念的引领下,统筹开展"友善之韵、领巾飘扬、酷跑少年、微爱行动、节日礼花、缤纷七彩"等七大类主题教育活动,培养学生的核心素养,让学生感受御小幸福的童年生活。

核心素养两纲教育：抓实德育课程研究,发展学生六大核心素养,完善两纲与学科的结合点,利用品社课、午会、队会、班会、少先队活动等阵地,切实将核心素养、两纲精神落实在平时的教育、教学之中；开发"德育灵动魔方"课程,体现专题化、系列化,力求创造学生幸福成长的环境,达到教育无痕的境界。

完善温馨教室建设：将雏鹰争章和特色中队活动相结合,积极完善"温馨教室"的创建活动（有社会热点、学生评价、学生作品、经典诵读等栏目）。强化中队建设中自主发展的功能,让学生在温馨愉悦的氛围中增强自主意识、合作意识、参与意识,争做御小好少年。

不断开拓实践基地：学校充分利用社区资源，根据不同类型教育基地的特点，结合不同学段学生的实际，组织学生开展有针对性、实效性的主题教育实践活动；同时利用双休日、节假日、寒暑假，组织学生开展社会实践体验活动，增强学生的社会责任感。

（二）智慧探索课程的实施

将"爱学习、勤思考、会倾听、乐对话"作为智慧探索课程的目标，教师依据一定的标准、规范，运用科学恰当的方法，让学生会学、乐学。

其一，真抓实干，积极开展基于课程标准的教学与评价。学校制定一系列与《基于课程标准的教学与评价》相关的推进制度，规范教学管理；发动教师内化精神，积极实践课标，开展有效教学研讨，提升教师专业素养。

其二，深化一年级学习准备期工作。充分重视新生零起点工作，不拔高教学内容、不赶教学进度，不布置书面回家作业，不对学生分数评价并排名，关注学生个体差异开展多样有效地评价，切实减轻学生学业、心理负担；充分呵护新生的学习心理，培养学生良好的学习习惯，激发学生的学习热情；全面落实一年级准备期各学科要求：如学习习惯的要求及养成训练、集体生活的规则、习惯的要求及养成训练等。

其三，落实中高年级等第制评价工作。解析、细化课程标准的目标、内容和要求，合理设计评价目标、评价内容、评价方式和评价指标；促使教师改变观念，淡化评价的甄别、选拔功能，强化评价的诊断、改进与激励功能，让评价有机融于日常教学中。根据学生学习上存在的问题，通过改进教学、个别辅导等多种方式,给予学生有效的建议和指导。

其四,认真学习,积极开展绿色指标工作。结合上级部门对我校做出的学业质量绿色指标反馈报告进行认真学习、分析,了解自己学校工作中存在的优势与不足,调整策略,进行有效改进。

其五,重视教学"五环节",提高课堂效能。认真落实课程计划,严格按照国家规定,落实课程计划,开齐开足每一门课程;开展民主、平等的合作课堂教学研究,加强教学方式和学习方式的改变,培养学生自主学习方式,强调学生自主学习、合作探究学习;重视教学"五环节"管理,使学生在多元化的学习体验活动中学会倾听表达,学会质疑创新,从而激发学习的主动性;加强课堂教学常规的管理。制定课堂教学评价表,结合课堂教学改进计划,反思分析提高。

其六,注重团队合作教研,重视课程间的整合。开展团队学习、合作研究、反思共享的校本教研活动,通过团队的高效对话,催生教师智慧,实现互助共赢;重视现代信息技术与课程的整合,每年开展学科技能评比活动,同时更新各教研组教学资源库。

其七,采用多元评价方式。认真学习和落实《上海市教育委员会关于小学阶段实施基于课程标准的教学与评价工作的意见》,积极有效地探索,注重实效,加强对教学、评价工作的常规管理。确实减轻学生过重的课业负担,严格控制学生作业量,低年级不布置书面回家作业,以口头作业和活动、动手作业为主;严格控制考试,低年级不进行书面考试,一年级不布置书面回家作业,以口头作业、动手作业为主;开展课堂评价,通过多元评价促进学生进步。制定课堂表现评价量表,根据设定的参数观察、评价学生的表现,促进教师全面客观地评价学生。教师课堂评价各显神通、百花齐放。课堂评价讲及时、重鼓励;制定课后作业家长评价表,开展作业兴趣、作业习惯、作业成果三个维度、四个等级的评价,老师和家长形成合力,综合监控孩子学业态度和达成度,以促进其提高;学校尊重学生的零起点、低起点,结合学生在课堂内外兴趣、爱好、情感、态度、价值观、学业达成的表现,对学生予以多元评价,最大化满足学生的荣誉感,增强学生的求知欲,帮助学生获得学习行动、活动过程、道德情感等方面的快速提高;重视基础知识与基本技能、过程与方法、情感态度与价值观等方面的全面评价。通过学生自评互评、教师评价、家长评价等方式,增强教学评价中的互动、协助和对话机制,发挥评价的导向、诊断和改进功能。促进学生全面发展和个性。

(三)体育健身、艺术畅想、科技创新课程实施

将"爱生活、求共享、扬个性"作为我校体育健身、艺术畅想、科技创新课程的目标,根据我校学生年龄特点,整合学校各类资源,开展乡村学校少年宫活动,共同开发满足学生兴趣爱好和个性特长的拓展型课程,促进学生的全面发展。

课程的内容:年级拓展型课程面对本年级学生,它安排进课表,教学内容有年级组长和学校社团教研组确定,螺旋式丰富和拓展年级社团,各年级社团遵循系列化、规范化的原则开展活动,同时,每一系列结合学生年龄特点各有不同的侧重点。

课程的要求:师资学校拓展型课程的指导教师主要由本校学有所长的教师和外聘志愿者及专家组成,各社团的学员人数一般在 35 人左右,每周五活动,每次一节课,由指导教师系统安排学习内容。

课程的评价:在丰富多彩的社团活动,通过作品展示、学生

交流、节目演出等多元的过程性评价方式,使学生感受社团学习的快乐,激发兴趣,感受快乐。

(四)生命体验课程实施

课程的目标:利用学校探究型课程活动渠道,充分发挥"自主合作、亲身体验"的学校探究型课程优势,加强学生探究生命主题活动中的小组交流合作和亲身体验,提高生命质量,理解生命的意义和价值,进一步提高小学生的合作交流、实践探究、质疑创新的能力,促进学生的全面发展。

课程的内容:挖掘研究性学习与学生的生活相连接,将研究性学习的教育与生命教育有机的融合,围绕"生命魔方""浦东风情""上海市探究学习包"三大内容,实施学校探究型课程。

课程的要求:每个学期每班探究 3 个小课题,3 个小课题分别是"生命与自然、生命与自我、生命与社会"3 个板块。每个小课题用 5 个星期进行探究。其中一年级第一学期第一个月为学习准备期,探究课改上学习准备期内容。

课程的评价:使用档案袋评价,多元、互动地评价学生探究活动的参与性、合作性、创新性以及体验性;利用成果发布或过程交流等活动,通过过程性评价、展鉴赏性评价,共同体验参与的喜悦和成功;通过学生自我评价、小组互评、家长教师评价等形式,与《学生成长记录册》相结合,开展多元评价。

三、指向发展的课程评价

课程评价是课程建设与发展的引领性力量,是课程变革的向导。核心素养是当前课程评价的时代追求,为课程变革提供指南。核心素养育人目标体系在学校课程中的落实促进了以发展学生核心素养为主题的课程评价理念的"出生",使得怎样确立以核心素养为主题的课程评价路径成为当前课程领域函待厘清与解决的重要问题,但这并不意味着核心素养关照下的课程评价完全否定原有的课程评价体系,两者不是非此即彼的关系,相反,核心素养关照下的课程评价是在原有评价体系的基础上,构建更加能够关涉、体现、促进、确保学生核心素养发展的课程评价体系。从根本上说,课程评价要关注学生核心素养的形成,就要注重评价的发展性,凸显以评价促进发展的根本理念。发展性评价就是以充分发挥评价对学生学习与发展的促进作用为根本出发点,以融合教学与评价为基础和核心,在关注共性的基础上注重个体的差异发展,通过系统地搜集评价信息并进行分析,对评价者和评价对象双方的教育活动进行价值判断,实现评价者和评价对象共同商定发展目标的过程。从发展性评价的基本理念出发,建构指向于学生发展的学生评价、教师评价以及课程评价模式,这是基于核心素养的课程建设的应有之义。

在御桥小学看来,学校课程的管理反映在对学生过程性评价与发展性评价的科学与规范,丰富评价的方式方法才能有效地保障学生的个性发展。校本课程既要注重终结性评价,更要关注过程性评价,真正发挥评价引领的积极作用,保护、发展学生的个性特长,促进学生全面发展。

(一)对学生"学"的评价

学习评价重点不是针对学生,而是针对学生的学习行为。制定科学的、可操作的评价标准,设计评价工具,支持教师系统地开展对学生的评价,促使学生对自己学习的回顾与反思,让评价成为他们学习经历的一部分。

在评价过程中,积极尝试档案袋评价、表现评价等多种方式,以促进学生学习兴趣的提高,学习质量的提升。

表 3 - 2 学生发展评价量规表

学生发展评价量规表		
级别项目	一级(☆☆☆☆☆)	二级(☆☆☆☆)	三级(☆☆☆)
认真	上课认真听讲,作业认真,参与讨论态度认真。	上课能认真听讲,作业依时完成,有参与讨论。	上课无心听讲,经常欠交作业,极少参与讨论。
积极	积极举手发言,积极参与讨论与交流,大量阅读课外读物。	能举手发言,有参与讨论与交流,有阅读课外读物。	很少举手,极少参与讨论与交流,没有阅读课外读物。
自信	大胆提出和别人不同的问题,大胆尝试并表达自己的想法。	有提出自己的不同看法,并作出尝试。	不敢提出和别人不同的问题,不敢尝试和表达自己的想法。
善合作	善于与人合作,虚心听取别人的意见。	能与人合作,能接受别人的意见。	缺乏与人合作的精神,难以听进别人的意见。
有条理	能有条理地表达自己的意见,解决问题的过程清楚,做事有计划。	能表达自己的意见,有解决问题的能力,但条理性差些。	不能准确表达自己的意思,做事缺乏计划性、条理性,不能独立解决问题。
能创造	具有创造性思维,能用不同的方法解决问题,独立思考。	能用老师提供的方法解决问题,有一定的思考能力和创造性。	思考能力差,缺乏创造性,不能独立解决问题。

在学生评价的具体实施过程中,学校主要采用了如下两方面机制:第一,综合评价实施机制:认真、积极、自信、善于合作、思维的条理性和思维的创造性每项都为 5 个☆。每个课程每个学期对学生进行评价,一位学生的评价形成一张表格和雷

达评价图表,整理成资料存档;第二,从整体上对学生各个指南针课程情况进行评价。绘制整体发展的"雷达图",通过纵向的比较,促进学生发展的"更大值"(参见图 3 - 1)。

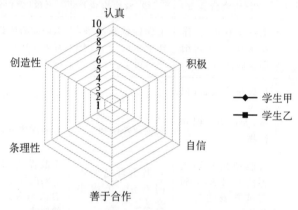

图 3 - 1　御桥小学学生评价结果雷达图

(二)对教师"教"的评价

教学评价重点不是教师本人,而是针对教师的教学行为。教学评价是一种专业行为,主要由教师自己或同事来完成,需要设置合适的教学评价框架。

表 3 - 3　御桥小学教师评价表

等级项目	优秀	良好	一般	评价
教学设计	目标叙述清晰,语言表达简练。活动环节清晰。充分把握和突出学生学习的主体性。根据学生的认知特点精心设计问题及追问。	目标叙述比较明确,语言表达不够简练。活动环节不够清晰。能有意识突出学生的主体地位。	目标叙述模糊。活动环节比较模糊。不能教好的在活动中体现学生学习的主体地位。	

续　表

等级项目	优秀	良好	一般	评价
过程控制	各环节时间把握好，留给学生充分的讨论与思考时间让学生自悟。能根据学生的表现创造性使用活动设计，达到理想效果。	时间的整体把握上较好，但在各个环节的把握上有所欠缺。能较好地实施活动设计。能较好地关注在过程中出现的问题和闪光点。	课堂时间把握问题较大，活动环节混乱。不能及时把握在活动过程中出现的问题或闪光点。	
实施评价	综合运用多元的评价方式，并以发展性评价为主。	能注意运用多种方式的评价。但评价的语言较单一。	基本没有发展性评价，以教师的口头评价为主。	

　　学校每学期组织一次对教师"教"的评价，采取听课、查阅资料、调查访问等形式，考核结果纳入教师年度考核。通过课程的目标达成度、学生的发展情况、学生的满意度、其他方面对课程实施效果的评价，调动教师积极参与课程开发与建设。

　　其一，校本课程开发与实施纳入教学工作。学校课程开设与工作量、课时津贴、教师考核、评优挂钩，按照一定的标准纳入奖励性绩效工作考核方案。

　　其二，教师保存学生的作品、资料及在活动、竞赛中取得的成绩资料。依托学校数字化平台，建立学生学习电子档案袋，收集反映学生某一阶段学习状况的资料（作品、作业、试卷、奖状、照片等）。

（三）对"课程"的评价

　　学校加强对校本课程开发与实施的检查、监督和评估。对

"课程"评价按照下图所示。在评价结果的具体运用上,有三项或三项以上五颗星的课程继续保留;出现一项1~2颗星的课程进行改进。

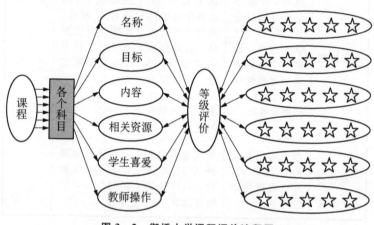

图3-2 御桥小学课程评价流程图

四、架构系统的课程保障

课程的有效实施离不开相应的内部外部保障机制,学校注重从多个角度入手,为课程建设、实施和评价提供系统性的保障:

组织保障:学校建立了"垂直领导,职能管理"的课程计划运作机构,由校长室直接负责,教育教务处、德育活动处、课程科研处形成合力,负责设计并实施学校的课程计划,用课题将六大领域的课程有机整合和补充,共同开发与实施课程,为学生提供多元、优质的服务,实现师生同步发展。

师资保障:全校所有任课教师人员均是课程的参与者,同时采取"1+1"方式,"1"指聘任校内有一技之长的教师担任课程开发者,另外的一个"1"指聘请市区镇的民间艺人、有一技之长的家长兼任辅导员,补充学校教师资源。

培训保障:通过多种形式开展教师培训工作,指导教师深刻理解课程计划及其内涵,认真撰写好教案,实施好教学过程,注重教学反思的整理和相关案例的积累。

宣传保障:利用校红领巾广播、学校微信平台、温馨教室、舞台展示、楼层文化等进行宣传,动态呈现课程的实施成效。

经费保障:教学教务处、德育活动处、课程科研处负责对教师的考核,列入年度学期考核。学校教师开发的校本课程纳入绩效奖励,每学期统计,纳入考核。

五、凸显探究的课程特色

近年来,学校"特色化"发展的呼声极高,频频出现在政策文件、学术研讨和公共议论中。大家对这样的理念充满期待,希望由此转变我国基础教育学校"千人一面"的僵局,真正营造一种"个性化""多元化"和"因材施教"的学校教育氛围。所以,不少地方的教育行政部门都把打造特色学校列上教改日程,广大中小学也纷纷挖掘、培育和宣传自身的办学特色,竞相获取"特色学校"这一时尚而光鲜的头衔。而在这一过程中,通过课程特色的凸显来进一步彰显和凝练学校办学特色越来越成为基础教育领域各学校的共性选择。正如有的研究者所指出的那样:"有特色的校本课程是具有针对性、独特性、适切性的课程。通过校本课程的开发,可以满足学生的需要,锻炼教师的专业能力,彰显学校的办学特色,达到促进学校更新的目的"。在这样的理念下,御桥小学通过凸显注重探究的课程特色,让学校的探究合作文化进一步凝练,也让学校的办学特色进一步彰显。

（一）生活探究：还原学习的本原丰富学习的界面

生活，是万物之源，也是求知之体。打开生活的田野，学生的思维触角就会从课本向生活延伸，从而建立在生活中学习的意识。

对生活探究的起步，学校考虑学校资源、校情，尊重学生的需求、教师的特点，从办学规模、地理环境、硬件设施等九个方面详细分析开展探究型课程的优势、劣势、威胁点和机会点。在反复的学习、思考、酝酿之后，提出以"立足浦东本地资源地区，追求学生多元发展"为课程核心，以"挖掘浦东特别资源，开展儿童特点活动，追求学科特色发展"为指导思想，以"浦东风情"为主题，围绕"风之神、土之味、人之韵、情之魅"四大领域，在低中高年级分别开展以风之神自然景观、土之味农家特色、人之韵浦东风俗、情之魅家乡情怀活动主体探究活动，每周一节探究课，鼓励学生走出校门开展贴近生活的主题探究活动。

选择切入口开展生活探究。学校充分利用社区地域资源，以"挖掘御桥特别资源，开展儿童特点活动，追求学科特色发展"为指导思想，确立《御小浦东风情》生活课程的实践目标、理论目标，根据学生的身心特点，又确立了各年段的分目标，并从探究意识、探究能力、探究情感三方面，分别制定低、中、高年级的一级、二级目标，组织形式分别由游戏、调查；队会、探讨、社会实践等，探究内容也各有侧重点。

实践中形成生活探究的教学模式。学校通过生活探究课程系列化、主题化，在"探究型课程十问"的基础上，形成了"激发学生兴趣——形成探究课题——制定活动计划，实施过程体验——中期灵活调整——探究成果展示——合作多元评价"的富有御小特色的"生活探究"教学模式，强调探究的"生活性"，突出探究的"活动性",关注学生在探究中的创造和幸福,关注活动中的体验和分享,这种探究过程经过了"提出问题——动手实验——观察记录——合作讨论——得出结论——表达交流——享受快乐"这几个过程,让学生在探究过程中领悟、获取所学的知识,体验学习的乐趣,了解社会的历史,感悟团队的力量。

（二）立足探究：提升学习的能级拓展学习的功能

生活探究,注重学习能级的提升,学习功能的拓展。学校采取的四条操作策略,显示了生活探究的可持续发展的魅力。

创设情景、激发兴趣。学校在组织活动时,充分尊重少年儿童的意愿,以孩子所能理解、接受的方式进行问题情境设置,激发学生自主探究的兴趣,班主任则是幕后搭建舞台、提供服务的引领者。如：三(4)班开展了"蔬菜与饮食"探究活动,班主任李老师引导学生带着问题去参与实践。学生们在学校附近的农产品交易中心采访调查,拍摄有关活动的图片,自己开垦菜园亲手种植蔬菜,与父母共同烧菜、制作蔬菜装饰物等。

自主探究、发展能力。学校充分发挥学生的主体作用,调动学习的积极性和主动性,让学生们自觉地把"要我做""要我体验"变成"我要做""我要体验"。例如：五(3)班在以"御桥地区的长寿老人"为主题的探究活动中,学生们走出教室、走出校门、走向社会,在班主任唐老师的带领下,学生们前往北蔡镇、御桥村附近居民家中进行调查、询问,了解长寿老人的生活情况、健康状况、养生之道等。学生们撰写了一篇篇鲜活的日记,这是毛舒婷撰写的"探究四味瓶,味道真好!"的随笔,毛舒婷妈妈在女儿参加系列长寿老人寻访活动之后,欣喜地发现任性、冷漠、叛逆的女儿慢慢的变了,她按捺不住激动的心情欣然写下了——"尊老爱幼,中华传统美德的传承"的体会文章。通过系列的活动,学生不仅学会了照相、摄像、写采访稿,更高兴的是在寻访长寿老人的过程中懂得了热爱生命、关心自我,学会了尊老敬老,学生们的自主意识增强了,自主自动的实践能力提高了。

　　情感体验、培养责任。学校引导学生在自主探究活动中解决生活中的问题,提升道德情操。教育学生作为浦东的少年儿童应该了解、熟悉浦东的历史、自然风貌,有责任去探究浦东的乡土文化,在继承发扬中回归浦东,服务浦东。如:四(4)班在以"垃圾处理的秘密"探究活动中,学生们通过上网查询、查找报刊杂志、制作调查卷进行调查、走进学校附近的上海垃圾焚烧厂参观、走进社区记录不良现象、开展辩论活动、走上街头宣传环保知识、"变废为宝"小制作大赛等一系列活动,学生们的环保意识增强了,经济发展要与环境保护同步进行这一道理,也在少先队学生的心中生根发芽。

　　创新评价、促进发展。学校尝试开展了几种评价形式:"星星榜"评价激发学生探究热情;"展示与交流"评价让家长成为评价主体、"档案袋"评价促进学生个性发展。制定了本"探究章",通过制定争章目标,让学生有能力攀登目标,通过表彰获章者,树立身边榜样,激励更多的学生去探究、发现、创造,还将研究性学习与《学生成长记录册》结合起来,让学生在探究型课程学习评价表一栏中,记录自己的收获和启示,开展自评、互评,最后由班主任做出一个描述性的总体评价。这样既尊重学生的主体地位,又使学生在客观的评价中学会尊重、欣赏和反思。

【本章启示】

加深课程的影响力

　　课程是学生接受教育的最大资源,也是学会学习的主渠道。

因此,学校对课程建设的思考融入了办学理念和培养目标,结合了学生面向未来所要具有的意识和本领。

学校对三类课程的达成目标进行了准确定位:将"爱学习、勤思考、会倾听、乐对话"作为基础型课程目标,教师依据一定的标准、规范,运用科学恰当的方法,让学生会学、乐学;将"爱生活、会感恩,求共享、扬个性"作为拓展型课程的目标,根据学生年龄特点,整合各类资源,共同开发满足学生兴趣爱好和个性特长的拓展型课程,促进学生的全面发展;将"爱提问、勤动手,会创造、善交往"作为探究型课程的目标,让学生亲近自然,走向社会,了解浦东、了解家乡,在合作探究、情感体验中学会有创意地生活,实践《两纲》教育精神。

而"生活探究"是基础型课程、拓展型课程和探究型课程三者结合的结晶,致力于产生课程的综合效应和强大的影响力。

当学生离开学校时,课程的影响还在,对其未来具有向导作用,那么这样的课程才是学生所需要的真课程。

第四章　教学变革——基于标准的行动改进

　　教学工作是学校的核心工作,以教育教学活动的创新推动学校整体变革和办学质量的提升,是基础教育领域任何学校的核心使命。在我们看来,教育教学水平是衡量学校改革与发展的基础性指标,也是学校的核心竞争力所在,明确教学改革的使命与任务,探索切合学校实际的教学改革路径,是学校立足于当下时代的不二选择。聚焦现实,伴随着新课程改革的推进,广大中小学校的教学改革进行得轰轰烈烈。如今的基础教育界,几乎找不到一所没有进行教学改革的学校,改革的学校也大多提出自己的教学改革模式。与此同时,教学改革就意味着教学发展,教学改革就等同于教学质量的提升,诸如此类的观念也流行于广大学校乃至社会。"学校教学改革就如同神话一般,在我国基础教育领域蔓延开来",在此期间,基础教育改革领域也诞生了神话般的教学改革典型。然而,在我们看来,学校之中的教学变革不应该是随意的,教学的创新也不能是无限度、无依据的。学校课堂教学改革是在变革与适应、解放与控制互动中生成与发展的,其所追求的主要目标应该包括三个方面:第一,实现学生真正的发展。课堂教学研究与实践要回到"原点",通过对课堂教学教与学的行为分析,优化学生的文化生存环境和活动方式,探讨学生学习能力、实践能力和创新能力的发展;第二,揭示现代课堂教学的基本特色,把握学科教学的基本规律,形成教师教学风格与特色,形成学校教学多种实践形态和理论学说;第三,从"学会生存""学会关心"到"学会发展",通过教学理念与方式的持续转型与创新实现学生的全面发展和个性发展,这正是在课堂教学观念层面上的一个实质性超越。

毋庸置疑,教学是一个充满问题的专业领域,"为什么教""教什么""怎么教"和"教到什么程度"是其中的四大核心问题。然而,我们一直以来对"教什么"和"怎么教"关注较多,而对"为什么教"和"教到什么程度"关注较少。如果我们把教学置于"课程"范围内,整体而一致地关注同样重要的上述四个问题,就能为全面提升教师的课程执行力提供帮助,也正是从这样的理念出发,基于标准开展教学已经成为近年来普遍受到关注的教学理念,成为引领学校教学变革的新思潮。

第一节　"基于标准教学"的理性认识

2013年8月,上海市教委制定下发了《上海市教育委员会关于小学阶段实施基于课程标准的教学与评价工作的意见》(以下简称《意见》),《意见》指出:为贯彻落实上海市基础教育工作会议提出的"让每个孩子健康快乐地成长"要求,深化本市中小学课程与教学改革,切实减轻小学生尤其是低年级小学生的学业负担,经研究,决定自2013学年起,在全市重点推进小学一、二年级"基于课程标准的教学与评价"工作,并逐步扩大至小学中高年级。

《意见》认为:推进实施小学阶段"基于课程标准的教学与评价"工作,有利于引导学校和教师牢固树立课程标准在教学与评价中的地位,准确把握课程标准规定的内容与要求,根据学生的身心发展规律和认知规律,以及教育教学规律,科学开展教学与评价工作;有利于促进教育行政部门、教学研究部门和学校逐步建立相应的保障体系,完善相应的工作管理机制;有利于引导家长和社会树立科学的成才观和教育质量观,尊重孩子的差异发展和个性发展。

《意见》同时认为:推进实施小学阶段"基于课程标准的教学与评价"工作,是促进学生全面发展与个性发展的需要,是保障全体学生接受公平且高质量教育的需要,是切实减轻学生过重学业负担和心理负担的需要,更是当前深入推进小学阶段课程改革的必然选择。

在我们看来,课程标准规定了课程的性质、目标、内容框架,提出教学和评价建议,体现了国家对不同学段的学生在知识与技能、过程与方法、情感态度与价值观等方面的基本要求,是教材编写、教学和评价的基本依据,"基于标准"开展教学不仅能够体现课程标准制定的重要意义,也能够很好地保障教学的规范性、科学性和严谨性。传统的教学,因为过多地加入了教育行政部门和教育工作者本身的意愿与价值判断,导致了各种各样的现实问题。面对基于标准的新要求,有责任心的教育工作者理应认真分析"基于标准"的缘由、特征以及操作要求,让"基于标准"真正成为指导学校教学改革的核心价值。

一、"基于标准的教学"是什么

"国家课程标准是教学的依据",然而,从 2001 年颁布课程标准到现在,我们不能不面对的尴尬现象是:有多少教师在备课前仔细研读过标准?有多少教师真正认为标准对自己的教学是有帮助的?又有多少教师可以理直气壮地说,我的教学是基于标准的？课程改革伊始，课程标准即被确定为课堂教学的依据，但这一确定并非基于教师的自觉反省，而是源自政策的规定，似乎只要确定课程标准，教师的日常教学自然而然会是依据课程标准的。当课程改革推进到今天，课堂教学和课程标准之间的关系问题又再次凸现出来，这一凸现是教师们经历了"虚假的明晰"后陷入更深迷雾的追问：到底标准对教学有什么用，到底怎样的课堂教学才是基于课程标准的？正是伴随着这种追问，"基于标准教学"开展成为教育研究与实践领域的重要关切。

（一）"基于标准教学"的核心概念

从概念上说，"基于课程标准的教学"就是教师根据课程标准对学生规定的学习结果来确定教学目标、设计评价、组织教学内容、实施教学、评价学生学习、改进教学等一系列设计和实施教学的过程。从"基于课程标准的教学"要求教师整体而一致地思考"为什么教""教什么""怎么教"和"教到什么程度"这四个问题，我们认为这种教学具有三个特征。第一，教学目标源于课程标准。就是需要深刻理解课程标准，把握对学生的总体期望，将课程标准具体化为每一堂课的教学目标，并据此来确定教学内容，选择教学方法。第二，评估设计先于教学设计。在基于课程标准的教学中，教学是为了去证明"教到什么程度"，评估是为了证明"教到什么程度"。第三，指向学生学习结果的质量。基于课程标准的教学是否成功要根据学生的学习结果来判断。如果证据表明学生没有适当的表现，教师就应当提供额外的教学。

（二）"基于标准教学"的多维解读

为了更好地理解基于课程标准的教学是什么，针对当前课程改革中对课堂教学的种种误解，有研究指出，可以从"基于标准的教学"是什么与不是什么的辩证思考中,加深对于这一概念和理念的认知。

1. "基于标准的教学"不是什么

首先,基于课程标准的教学不是要求所有教师教学的标准化。当前有很多关于"新课程下的教学怎样才是好教学"的探讨,但是这些讨论的"标准答案"往往被一些拥有评价权的人直接拿来作为衡量教学优劣的标准。对当前所谓新课程的课堂教学进行考察,也会发现它有几条教师心知肚明的潜规则:课堂氛围要热闹;要有小组讨论,哪怕只有两分钟;要有各种新奇有趣的课件等等。这些潜规则逐渐成为教师在上"体现新课程精神"的公开课时的"标准",真正的课程标准反而被弃置一旁。事实上,以上的潜规则只是一些外化的形式,而课程标准的着力点在学生身上,而由于学生的多样性,基于标准的教学必然是千姿百态的。

其次,基于课程标准的教学不是一种教学方法。基于课程标准的教学是一种理念,而不像以前探讨的情境教学法、尝试教学法那样是一种固定的教学方法。基于标准并不指教学方法的内在特性,而是指教学方法与课程标准之间的内在关系,即这些教学方法是与课程标准的指导思想和要求相协调的方法。课程标准的提出正是基于破除教学大纲对教师的限制,教学大纲不仅限制教师教什么,还限制教师怎样教。而在课程标准的框架中,教师可以使用任何教学方法,不过,这些方法都是为了达成标准而准备的。基于课程标准的教学确实需要遵循一定的规范,但在这些边界之内,教师可以充分发挥,边界是为了让教师享有更多的自由。

最后,基于课程标准的教学不是教学内容和标准的简单对应。虽然我们的课程标准以内容标准为主,但由于我们的课程标准是按年段设计,反映了对学生的总体期望,是课时教学目标累积而成的。因此,如果仍旧秉持教学大纲时代那样的思路,简单地在日常教学和课程标准之间寻找对应关系,教师们会感到失望、费力而且收益不大。基于标准的教学需要教师在对标准深刻理解的基础上,把握对学生的总体期望,将标准转化为年级目标,再根据学生特点和教学情境具体化为每一堂课的教学目标。

2. "基于标准的教学"是什么

首先,基于课程标准的教学是对教师教学行为背后理念的关注。富兰(Michael Fullan)在探讨"实践中的变革"时提出,实施任何一种新的课程计划或政策都至少有三个要素:使用新的教学材料;使用新的教学方法;改变教学观念。其中教学观念的转变是最为困难的,但一旦转变成功,其影响也是最为深远和有意义的。而此次课程标准的颁发之所以会遭遇重重的阻力和不理解,部分原因正在于,其随着课程标准的颁布而来的不仅是使用新的教学材料、教学方法的可能性,而且是迥异于以往价值取向的"为了每一个儿童发展"的理念。这一理念要求教师形成对教学、学习、知识的新认识,要求教师体认学生作为"整体的人"的发展。因此,基于课程标准的教学首要关注的就是教师的教学理念是否符合课程标准的要求。它要求教师不仅要能根据课程标准和学生的实际情况明确学生需要掌握的知识和技能是什么,更重要的是理解学生达到标准具有何种意义,以及为了促进学生达成标准而改变自身的教学行为的意义。值得注意的是,基于课程标准的教学并非不看重教师教学行为的改变,而是认为如果这种行为不是基于对标准所倡导的理念的深入理解,如果不是基于教师自觉的、理智的、反省的实践,那么这种行为是难以持久和有效的。

其次,基于课程标准的教学是对学生各方面学习结果的关注。基于课程标准的教学注重学习结果的达成,但是,它对学习结果的理解并不像一般人理解的那样,只是学习成绩。虽然在美国,标准和对教师、学校的问责联系在一起,而这一问责又主要是和学生的学业成就的提高联系在一起,但考虑到此次课程改革的缘由和目的,我们的课程标准的出发点与美国并不相同,其出发点是"育人",其在教学上的具体指向是"改变课程实施过于强调接受学习、死记硬背、机械训练的现状,倡导学生主动参与、乐于探究、勤于动手,培养学生搜集和处理信息的能力、获取新知识的能力、分析和解决问题的能力以及交流与合作的能力"。因此,基于标准的教学需要提高学生的学业成就,但同时更要提高学生在思维品质、情意态度等各方面的发展。从这一点引申出来的教学意义就是教师不仅要学会利用多种途径关注学生各方面的发展,最重要的是教师要学会使用多种方法,系统收集关于学生的学习结果进步的数据,并分析这些数据,用以改善自身的教学。

最后,基于课程标准的教学是对教学过程监控的弱化,对结果监控的强化。基于标准的教学是通过审慎考察学生包括学业成就、高级思维、情感态度、价值观等各方面的学习成果来规范教学过程。它并不限定教师教什么和怎样教,但却通过限定阶段性的学习期望,给教师指明教学方向。教师在使用课程标准的过程中,主要关注如何利用各门学科所特有的优势促进每一个学生的健康发展,而非仅关心学生对某个结论是否记住,记得是否准确,某项技能是否形成,并且运用起来是否得心应手。所以这是与以往所提出的任何教学模式有本质区别的地方,这一点同时也给教师教学的评价和研讨带来深远的意义,教师教学的评价就不再也不可能根据那几个"潜规则",教师的教学研讨也不可能是一些泛泛而论的说教材、说学生、说教法,它促使教师们依托于标准以及学生学习进步的数据,一起分析并思考教学对达成学生的学习结果有何作用,如何达成。

二、"基于标准的教学"为什么

教学工作是学校的中心工作,作为一项兼具科学性和艺术性的能动性活动,教学工作固然需要教师在教学中灵活地选择恰当的教学方法,创造性地展现教学的艺术,彰显每一个教师与众不同的风格与艺术,但是决定教学成效的最根本因素,是这一活动的规范和程序,只有在规则允许的范围内创新才能确保教学工作的良好秩序,也才能确保良好的教学效果。这也就意味着,搞好教学工作,最重要的是明确教学工作开展的依据。

教学活动是课程实施的基本手段,教学的依据实际上反映的是课程实施的取向问题,关于课程实施取向的研究,最为大家熟知和广为引用的是斯奈德(Sny der)等人提出的忠实(fidelity)取向、相互调适(mutual adaptation)取向和课程创生(enactment)取向,然而,用这样的划分方式来解读我国当下的中小学课堂却并不适宜:其一,忠实取向的课程实施是不可能存在的,因为课程实施中的两个主体——教师和学生都是活生生的人,教学离不开他们的情感、动机与价值观,学校与课堂在情境方面也存在着不小的差异,这需要教师在教学工作中灵活地应对和处理;其二,三种取向的划分缺乏现实的执行力和判断标准,如"相互调适"应该如何调适,其依据是什么?"课程创生"创生什么,其标准是什么? 这些核心问题都是难以形成统一认识的,因此,这样的划分方式对教学缺乏实际的指导意义,由此必须创生适合我国当前基础教育改革的课程实施指导原则,而"基于标准的教学"正是这种本土化创造的代表。从实践的角度看,强调"基于标准的教学",根本原因就在于传统教学中,教师在进行教学设计和教学实施中存在的系列问题:

其一,大部分教师仍然依据教材来实施课程。现实之中,教师的课程实施主要有三种情况:第一种是基于教师经验的课程实施。就是教师凭借自身所具备的理念和知识开展教学,将经验转化成课程内容,教师的素养决定着教育教学的质量。这样就造成教学随意性很大,更不要说优化教学内容了;第二种是基于教材的课程实施,就是我们通常说的"教教材"。这种课程实施的特征集中体现在:"课程"几乎等于教材,把教材视为唯一的课程资源;应该教什么、如何教,几乎完全决定于教材;学生成为被灌输的容器,视教材的内容为定论的知识教师重内容分析,轻方法指导,造成教学效率低下;第三种是基于课程标准的教学。课程标准反映了国家对学生学习结果的统一的基本要求,课程标准限定的是学生的学习结果,而非教学内容。基于课程标准的教学要求教师整体思考标准、教材、教学与评价的一致性。所以,这应该成为教师逐步努力的方向。

其二,课程实施过程中难度拔高现象严重。由于现行课程标准描述精度不够,导致课程实施中的教学要求被明显拔高,学生和家长直接感受到的并都不是课程标准和教材的要求,而是通过教师的上课、作业布置和考试要求等等所综合反映出来的东西,同时造成学生过重的课业负担。

其三,教师把握不住"课程标准",甚至只知教材,不知"课程标准"。现行课程标准描述精度不够还会产生另一个弊病,即教师对课程标准把握不住。有人戏称现在的课程标准像"橡皮筋",宽窄度大,可以自由拉升。容易导致解读的不恰当,甚至随意解读。有的教师,包括教了多年的教师,只知教材,不知"课程标准";只能上课,不知"为什么教"。

总之,针对在课程实施中存在的问题,从管理层面来讲,必须以提高教学有效性为突破口,提升学校领导课程规划能力和实施能力;从教师层面来讲,必须从把握"课程标准"入手,提升教师的课程执行力;从学生层面来讲,必须减轻过重作业负担,提高他们的学习能力和创新意识。而上述三条,正是"基于标准教学"的核心价值所在和多维优势的体现。

三、"基于标准的教学"怎么办

基于标准的教学,是对传统教学理念的扬弃,这一理念的实施,呼唤的是教学领域的整体变革,这种整体变革既需要思维观念领域的建构,也需要实实在在的教学行为更新。在这个过程中,教学工作的实施者——教师是责无旁贷的,只有改变教师,才能改变教学,只有改变教学,才能提升教育质量。与此同时,作为一项系统工程的教学改革,基于标准的教学要真正在学校教育体系中落到实处,还需要课程标准的自身完善、教学评价的配套性改革等其他基础性和保障性工作。

具体而言,现实之中开展基于标准的教学,需要把握以下几个方面的内容:

(一)基础性条件:**教师的专业成长**

在新课程实施过程中,教师专业水平的提升极为重要,可以说,没有教师的专业发展,就没有新课程的真正落实。但当前教师专业发展受到广泛关注的背景下,从整体上看,教师的专业发展水平并没有明显的提升,其原因很大程度上就在于当前的教师专业发展更多停留在理念层面上,实践层面上的活动通常关注一些大而化之的策略。课程改革是一项系统工程,需要多方面的工作,校本课程开发和实施很重要,综合实践活动的落实也很重要,但是,最为根本的还是课程标准的落实。没有课程标准的落实,那么校本课程、综合实践活动都会失去根基。关于新课程背景下教师的角色、素质的论述往往从理想处着眼,从理念上看无可挑剔,但做起来却常常无从下手。应该说,课程开发者也好,研究者也好,教师最重要的素养是课程标准的素养,最重要的能力是落实课程标准的能力。课程标准反映了对学生所应达到结果的期望,是指导教学活动、评价教学结果标准,但离现实的教学有一定距离。这段距离既是课程标准留给教师的空间,也是赋予教师的职责。实际上,教师专业发展水平的差异最主要的就是体现在对课程标准的把握和转化上。基于标准的教学需要教师专业素养的全面提升,但下列几个方面或许是当前改革最为迫切的要求:

1. 转变课程观念

新课改虽然进行了将近十五年,但从实践来看,教师的观念并没有完全转变,"教师普遍将现行的课程标准实验教科书的教学内容要求与课程标准的教学内容要求看成是一致的。一项大样本调查显示,有 64.8% 的教师认为他们是按照教科书进行教学的。观念是行为的先导,要使教师真正实施基于课程标准的教学,首先要使教师提高认识,转变观念。在教学实践中教师课程观念的转变可以通过以下两个方面来实现:一是加强对课程标准的宣传,组织各个学校的教师定期进行课程标准有关内容的学习,通过学习使教师了解课程标准的含义、特征以及与教学大纲的区别,认识到基于课程标准进行教学的必要性,进而对课程标准产生认同感;二是加强沟通和交流。沟通和交流主要是课程标准编制者与课程实施者之间的沟通和交流。通过沟通和交流,课程标准编制者可以向实施者表达隐含在课程标准中的一些基本假设、价值取向,也可以向他们介绍一些我国基于课程标准的教学中的情况、存在的问题以及一些值得借鉴的做法。这些交流不仅有助于课程实施者加深对基于课程标准教学必要性的认识,而且有助于他们在一定程度上转变观念。

2. 强化标准意识

基于标准的教学需要教师的标准意识。要实施基于标准的教学,教师就必须理解并掌握课程标准,并在教学的全过程中体现课程标准:教学目标的确定,教学内容的开发与选择,教学方法和手段的运用,学习机会的安排,评估的设计与实施等,所有这些方面都应当在课程标准的指引下进行。失去标准意识,教学就会失之随意。长期以来在教学大纲规制下以教材为中心的教学使得广大教师难以在短时间内形成标准意识,而对新课程理念的误解所导致的一些在创造性、生成性名义下的"课堂表演"实际上是教学上随意性的体现,本质上是丧失标准意识的表现。

3. 提升评估素养

基于标准的教学需要教师的评估素养。评估在基于标准的教学中占据着一个核心的地位,对教学活动起着重要的导向作用。但在基于标准的教学中,评估有着明显的特殊性:从目的看,评估用于证明学生达成标准的状况;从实施看,评估是镶嵌式的,即镶嵌于教学的全过程中;从技术要求看,基于标准的教学中的评估必须是基于标准的评估,即除了一般评估所要求的效度、信度外,这种评估必须与标准匹配。教学不仅需要教师向学生提供学习机会,而且需要收集证据证明学生达成标准的状况,这需要教师具有比较高的评估素养,能有效地设计与标准相匹配的评估和评分方式,能有效判断学生的达成目标的表现水平,能有效地实施评估活动并运用评估结果,能开发表明学生在达成目标过程中进步的报告,能运用评估结果来设计学习活动,并为学生的学习提供支持。但当前教师培养项目或在职培训项目很少提供评估设计或评估选择方面的培训,教师的评估素养严重欠缺,这可能会妨碍基于标准的教学的有效实施。

(二)前提性条件:完善的课程标准

课程标准本身的科学完善是基于标准教学的最重要的前提条件之一,毫无疑问,基于不完善、不科学的标准的教学是不可能带来良好的结果的。由于编制课程标准的时间比较短,研究基础不够深厚,也由于参与课程标准编制的两方力量——学科专家和课程专家——之间缺乏有效的协调,当前我国九年义务教育各学科课程标准还存在比较多的问题,有些学科课程标准的问题还相当严重。比如,课程目标定位,陈述都不是很清晰;内容标准和表现标准混杂;教学建议,评价建议笼统模糊;用以帮助理解的样例不够典型等等。这些问题的存在不仅导致教师理解上的困难,也难以有效地将内容标准和过程标准转化成教学目标和学习目标,更难以设计有效的评估准确地检测学生的学习。总之,当前的课程标准实际上难以起到教学的出发点和评估依据的作用,这要求我们作出巨大的努力,深入研究关于课程标准的知识基础,认真反思课程标准存在的问题,及时总结课程标准实施过程中的教训,确保在经过修订之后有完善、科学的课程标准,为基于标准的教学提供可靠的前提和依据。

(三)保障性条件:科学的评价体系

基于课程标准教学范式的实施要与基于课程标准的教学评价同时进行。目前的评价体系不是基于课程标准的,所以在教学实践中教师冷落课程标准在所难免。只有基于标准的评价,尤其是大规模的外部统考,才能为实施基于课程标准的教学提供保障。实施基于课程标准的评价有以下三个途径。一是建立定期检测教师对标准的实施情况的制度,并开发相关检测工具。目前,教师在课堂中怎样实施标准还是一个"黑箱",无法对之进行准确地评价。二是建立基于课程标准的评价、问责体系。目前,我国基础教育阶段几乎所有学科都制定了相应的课程标准,每科课程标准都有明确的成就期望,那么就应该依据标准开展学生学业成就评价,并根据评价结果对学校以及教师进行问责。三是积极进行高考内容改革。高考是中小学教师教学的指挥棒,如果高考内容不是基于课程标准的,那么教师就很难实施基于课程标准的教学。只有进行高考内容的改革,才能为教师实施基于课程标准的教学提供一个良好的外部氛围。

第二节 "基于标准教学"的变革行动

课程标准是新一轮基础教育改革的核心词汇,由它所引领或者所驱动的教育改革已经成为世界范围内一种新的教育改革范式,即"基于课程标准的教育改革",简称为"基于标准的教育改革"。这场改革的影响很大,以至于"基于标准"作为一个专有名词已出现在各类文献中。按照全美教育协会的说法,基于标准的改革有三个相互联系、必不可少的要素:对学生清楚而具体的期望;根据那些期望测量表现与进展的评价;具有后果的绩效问责,让教育系统的各个部分为学生的学习结果负责。上述三个要素可以简化为:标准、评价、问责。这三个要素是不可分离的,有人甚至认为它们是"基于标准教育改革"的同义语。在这三要素中,"标准"即"课程标准",它是目的,"评价"和"问责"是手段。"评价"和"问责"必须依据"课程标准"并与"课程标准"保持一致,实现课程标准规定的教学目标。可见,"基于标准"在学校教育中至少应该具有三个层面的含义:以课程标准为学校教学质量问责的标准;以课程标准为学校教学评价结果解释的依据;以课程标准为学校教学改善的目标。由此,可以认为,基于标准的教学是一个引领学校教与学变革的宏观理念,在其框架范畴中,应该通过系统的变革实现基于标准教学的理念与实践价值。

一、优化课堂教学常规管理

教学活动的重要性决定了教学管理在学校管理中举足轻重的地位,教学要素的多样性或者说是多元性,决定了教学管理的复杂性。优秀的教学管理应当是建立在对教学内涵的深刻理解和对相应教学行为充分把握的基础上的。对于义务教育阶段的学校而言,教学管理的核心和基础是教学常规管理,具体包括教学思想的管理、计划管理、组织管理、质量管理以及教务工作管理等方面,通过教学常规管理的优化来保障正常的教学秩序,这是开展"基于标准教学"的重要前提性条件。

(一)完善教学管理制度

学校工作必须以教学为中心,学校班子成员深入课堂第一线,在取得"教学整体情况分析"和"学校中青年教师教学个案分析"报告之后,进入了建章立制、规范管理的阶段,先后制定了"课堂教学、备课、作业评价表""减轻学生若干负担的规定""加强信息技术与学科整合的意见"等,通过教导处——教研组——备课组——教学人员的层层落实,规范了教师最基本的教学行为。

随着课改的不断推进,学校努力建设好五项制度:教育服务承诺制度、校本培训制度、听课评课制度、集体备课制度、质量监控制度、随班就读生奖励制度,通过制度约束,确保课堂教学的有序管理。

(二)严格落实课程计划

学校课程计划是对学校近期目标、内容、方法、策略、管理、评价等可操作性措施的整体规划,是对学生在校学习时间、空间与学习内容的整体规划,影响着学校人力、物力、财力的整体安排。学校课程计划是学校课程方案的具体体现,是提升教师课程执行力的重要抓手,更是学校文化建设的重要方面。学校严格按照市教委课程计划,开足开齐三类课程,分类制定课程计划并公示,合理安排作息时间,努力做到减负增效。针对家长对教育的多元需求,学校强调教学方式和学习方式改变,变教师讲授为学生合作探究学习,强调学习氛围营造,关注人境会话、同伴对话、师生对话。学校阳光体育活动以跳绳、踢毽传统项目为主,做到全校普及,还以三毛球、羽毛球、橡皮筋等其他项目为辅,充实活动内容,师生参与率100%。

(三)优化教学五环节管理

学校实施规范化、制度化、科学化的流程管理,将教学质量监控形成常态。教师备课关注教学目标,渗透合作素质的培养;

上课关注学生倾听表达、质疑创新。作业设计精选习题,每学期2 次抽查及时反馈。积极参加联合体教学质量调研,每学期 4 次调研,发现问题改进提高。学校倡导学科均衡发展,抓两头促中间,对学困生注重个性化辅导。历年来,学校参加市区学科质量调研,教学质量稳中有升。

(四)加强教学质量监控

教学是学校工作的核心,教学质量是学校的生命线,为提高学校声誉,做到"减负、增效",必须提高各学科的课堂教学质量。为此,质量监控成为我校教学管理的重要工作。每学期校长室、教导处成员深入各学科随堂听课每人不少于 30 节,发现问题及时指导帮助;加强教学全程监控,从教案、学生作业、反思随笔、课件制作、案例研究等对教师作全面的评价,改变重成绩重结果的评价方法,促进教师专业成长;教导处每学期针对各年级学科开展不定期的质量监控,坚持"严、恒、细、实"的工作原则,将教学工作着眼点和落脚点放在"减负、增效、提质"上。监控形式力求多样,有组内自控、校级监控;有个别监控、全年级监控,在监控过程中,我们坚持横向比较与纵向比较的结合;坚持不仅关注优等生,更关注后三分之一学困生;坚持表扬、鼓励与批评、整改相结合。

二、推动课堂教学"四个重建"

新课程的实施,"基于标准教学"等理念的践行,都呼唤课堂教学的重建。课堂教学的重建,简单说就是要对包括教学思想、过程、方法、模式及教学操作、评价规则在内的课堂教学体系进行全方位的创新、变革与发展,要使它从固有模式中实现脱胎换骨式的变化。如何实现课堂教学的重建,关键是实现三个转变，即：教学重心由教向学的转变，教学体系由刚性到弹性的转变，教学价值由制造适合教学的学生向创造适合学生的教学转变。为了实现这样的转变，更好地落实"基于标准教学"所蕴含的价值，我们在教学变革的过程中提出"课堂教学重建"的管理思想，试图通过四个领域的课堂教学重建，推动学科教学的系统变革。

（一）教学目标重建

我国义务教育课程标准倡导的"三维目标"体现了教育思想的进步，[1]也成为当前阶段基础教育课堂教学目标设计的重要依据。但在实践中，对"三维目标"的理解存在偏差甚至混乱，"三维目标"的落实同样存在不少问题："知识与技能"的僵化与虚化，"过程与方法"的简单应对与形式主义，"情感态度与价值观"的标签化，这些现象都不鲜见，在很大程度上影响了课程实施的质量。在我们看来，学校课堂教学的过程应该是一个兼具科学性与艺术性的活动，"三维目标"为课堂教学设计提供了基本的范式，但是真正有价值、有意义并能够体现"基于标准教学"需求的课堂教学必然不是固守于"三维目标"框架的，由此，我们认为，真正有效的课堂教学，除了关注知识、技能、情感为主要内容的"三维目标"外，还要关注课堂教学的预设与生成价值。

分析学的代表人物谢弗勒（Scheffler）在《教育的语言》一书中指出，教学是一种"意向性"获致学习成就的概念，并认为"意向性"与"成功"是"教学"这个词的动词使用方式，其中"意向性"就表明了教学在开始之处就应有预设的目的，体现在目标上就

---

① 钟启泉."三维目标"论(1).教育研究,2011(9).

是预设的教学目标。课堂教学中预设的目标分为三个层次,第一层次是课程总目标,它描述在某一教学阶段课程设置所要实现的总目标,并为安排各种类型的课程和领域提供依据;第二层次是学科目标。具体体现在学科课程标准中新课程改革各学科明确规定了具有学科属性的教学目标;第三层次是课时目标。课时目标是具体的、情境化的、可操作的教学目标,是对上一级目标进行具体的分解和层层落实的目标,称之为课堂教学目标或课时目标。对于课堂教学预设性目标的关注实际上体现了教学的规律性、规范性,要求教师在课程标准规定的范畴内组织教学,确保教学的有序顺畅和规范。

课堂教学中生成性的目标也称展开性目标。它是指在具体的课堂教学情境中,借助教师的教学机智与价值理性,而临时达成的目标。从特征上看,一方面,生成的教学目标具有即时性、情境性。所谓生成,一般是指师生互动过程中的生成,往往依据师生互动的内容、对象的特点及教师的智慧,临时达成的目标。在日常教学过程中,由于教学过程是一个动态的开放的活动过程,再加上教学的对象是生动活泼的学生,教学氛围与主题各不相同,所有这些不可控因素导致师生交往中生成的目标是即时性与情境性的,同时也是丰富的;另一方面,生成的目标具有复杂性。教师的教学活动尽管有一定的规律可循,但由于教学内容、教学对象,师生交往的主题没有不变的固定程序和模式,所以,通过师生交往达成的目标具有复杂性。这里的复杂性主要是指目标的内容具有不可预见性,只有凭借我们教师高度的教育机智、高度的理智感、责任感和教育理性,才可以根据不同的情况、因势利导,借题发挥而达成生成性的目标。

衡量一个教学计划是否具有教学论质量的标准,不是看实际进行的教学是否能尽可能与计划一致，而是看这个计划是否能够使教师在教学中采取教学论上可以论证的、灵活的行动，使学生创造性地进行学习，借以为发展他们的自觉能力作出贡献，由此，真正基于标准的教学必然应该是既注重"三维目标"统一规范，尊重不同学科学科特点，遵守教与学基本规律的，同时也应该是能够充分彰显教师独特教育智慧的，只有真正关注到"预设性"与"生成性"目标的融合，才能发挥教学的多维度价值，推动课堂教学的转型。

（二）教学价值重建

教学是一种事实性存在，也是一种价值性存在。在教学实践行为的背后总是有着某种价值力量在作用，"任何'教学事实'的背后，或支撑起'教学事实'的，都是教学生活中的人的价值选择，"①因此，教育活动不可能回避价值问题。从历史来看，每当社会发生重大转型时，人们对教育的批判，往往是从价值批判开始，从重新认识教育的价值和目的开始，并且以此为依据和出发点，再对现实的教育活动作出更具体的评析，提出新的原则、方案乃至方式方法。随着新课程改革的深入，特别是以学生为本、以学生为中心等理念在学校教育中的落实，关于教学价值的研究越来越集中于学生视角，促进学生更为合理地成长与发展成为课堂教学价值的最直接体现。正如叶澜教授所言，当前我国基础教育中课堂教学的价值观需要从单一地传递教科书上呈现的现成知识，转为培养能在当代社会中主动、健康发展的一代新人。它的主要内容为：拓展学科丰富的育人价值；按育人价值

---

① 李森，潘光文.教学论研究的事实与价值研究之思[J].西南大学学报（社会科学版），2008(6).

实现的需要,重组教学内容;综合设计弹性化的教学内容等。[①]
这样的研究结论获得了教育领域一致的认同,也成为重建课堂教学价值观的最直接指导。

然而,在我们看来,学生固然是教学的核心价值所在,但是教学的过程是师生之间多维立体互动的过程,课堂不仅是学生成长的舞台,也应该成为实现教师专业成长的平台。由此,我们认为,"基于标准的教学"尽管关注的是教学的过程和方法,但其背后也必然蕴含着对教师适应新的教学理念与方式的多维度的能力与素养的要求。由此,推动课堂教学价值的重建,其核心就是认识到课堂不仅是学生学习成长的地方,它也是教师专业成长的地方。

从教师专业成长的内在属性看,实践性是其最基本的特征,这也就意味着课堂教学实践应该成为实现教师专业成长的有效平台。特别是新课程加大了课堂教学的自主性和自由度,也拓展了每一位教师的专业发展空间。这意味着课堂教学需要走向新的"有序",教师的教育观念和教育行为习惯需要作适应性调整,教师个人素质将在开放、民主的课堂上经受极大的考验,也同时获得更大程度的锻炼。通过课堂教学中即时性的反馈与反思,通过课堂问题的诊断,通过多维度的课堂观察等,教师的专业成长就可以因为课堂实践的支撑变得丰富充实。因此,在课堂教学变革的过程中,我们强调师生之间的共同成长,让教师和学生都成为课堂教学价值的重要体现。

(三)教学过程重建

从课堂教学构成的基本要素、从静态的角度看,不可或缺的

---

① 叶澜.重建课堂教学价值观[J].教育研究,2002(5).

是教师、学生和教学内容，最后一项则与相关课程所规定的学科相关，教学的过程实际上就是寻求上述诸多元素之间良好互动的过程。20 世纪 90 年代中期以来，我国开始新一轮教学改革。转变教学理念、更新教学内容、改进教学方法成为教学领域探讨的核心内容。讲授式教学这一课堂教学之中应用最为广泛的教学方法再次成为人们关注和探讨的焦点。在大家反思我国教育现状的过程，人们对讲授式教学这种传统教学方法给予更多的是指责和批判，认为它抹杀了学生的自主意识，方式单一，实效性不好。实际上，从辩证的角度看，讲授式教学有利于发挥教师的教育职能，有利于传授系统化知识，有利于增强教与学的效率，有利于控制教学进程，而且其使用的范围较广。因此，任何的课程改革和教学改革，都不是对传统教学方式的彻底否定，重建课堂教学的过程，其核心使命是要发扬讲授教学的优势，更要注重师生、生生之间的对话、交流和合作。

　　在现代教育的视域中，教学过程的基本任务是使学生学会实现个人的经验世界与社会共有的"精神文化世界"的沟通和富有创造性的转换，逐渐完成个人精神世界对社会共有精神财富具有个性化和创生性的占有，充分发挥人类创造的文化、科学对学生"主动、健康发展"的教育价值。教学过程中师生的内在关系是教学过程创造主体之间的交往关系，这种关系在教学过程的动态生成中得以展开和实现，教学过程是一种交往的过程，教学过程的本质首先在于这是一个教师与学生相互作用的过程已经成为一种共识。美国教育学者小威廉姆·多尔（W. E. Doll）认为："作为教师我们不能，的确不能，直接传递信息，相反，当我们帮助他人在他们和我们的思维成果以及我们和其他人的思维成果之间进行协调之时，我们的教学行为才发生作用"，因此，真正有价值的教学必然是一种交往教学的实践过程,教师与学生、学生与学生之间的良好互动是教学得以顺利实现的前提与基础。我们倡导教学过程的重建,就是要充分认识到互动、交流与合作在教学中的价值,让师生的生命成长在丰富的互动中实现,让教学的价值在丰富的互动中得到彰显。

(四) 教学评价重建

课堂教学评价是课堂教学环节中极为重要的组成部分,充分发挥课堂教学评价的应有功能对于整体教育教学质量的提升、学生的成长及教师的专业发展都有着重要意义。目前,我国课堂教学评价仍存在一些问题,如何完善课堂教学评价以促进教育教学质量的提高,已经成为必须予以高度关注的问题。随着评价理念的不断推陈出新,教学评价领域的变革也在持续,发展性评价、真实性评价、过程性评价等理念在学校课程与教学的改革中逐步被认可、被落实。在这种改革的系统作用下,教育目的、教育计划、教育评价都应该有一种新的概念,这种新概念是可以调整的、开放性的,不是以最后结果为中心,而是以过程为中心。实际上,不论任何形式的评价创新,尽管其强调的重点不同,但是都蕴含着对评价生成性的认可。相比较于传统的评价,生成性评价具有三个方面的特征:一是生成性评价是在教学活动中生成;二是时间上的,生成性评价本身也是处于不断动态生成状态的;三是内容上的,生成性评价还关注师生在动态的教与学过程中不可预见的而又可利用的课程资源。

基于上述分析,可以这么理解生成性评价:它并不是一种具体的评价方式,而是基于生成性教学提出的一种新的评价理念,它以协商对话、互动发展伴随着整个教学过程,是教学过程的有机组成部分。教师是生成性评价的实施者,生成性评价不只着眼于学生的认知,还关注学生能力、情感、态度、价值观,关注学生的发展潜能。课堂教学评价重建的关键问题,就是建构以生成性为核心的教学评价制度,尤其关注老师能否倾听学生的声音,能否关注学生的错误,能否发挥教师的教育智慧。以下是我在2007年撰写的《需求评价》一文,从一个侧面可以看出学生需求成为教育教学工作的一个重点。

需求评价——浅谈学校的自主发展

御桥小学办学时间不长,基础较差,底子较薄,可以说既没有名气,也没有特色,教师相对缺乏自信,领导关注也相对较少。在这样一种背景下,学校寻求自主发展显得更为迫切和需要。一般来说,学校的评价主要来自政府教育督导、上级主管部门的考核、学校横向间的比较。但随着社会的发展,社区、家长对学校的评价越来越重视。因为学生家长是消费者,对学校的评价、选择是他们理应享有的权利。为此,在我看来,老百姓眼里有好的声誉,领导有好的评价,学校有持续快速的发展,这样的学校就是一所好学校。基于这样的认识,我校追求自主发展,并确立以下理念及操作办法:

评价理念:学校发展是否满足了学生发展的需要,是否满足了家长对优质教育的需求。

评价标准:以满足学生、家长的需求为标准,是一种"需求评价"。

评价内容:以"教育服务承诺"为载体,"让学校回归社会",引入"顾客意识"和"公众监督",通过营造"管理就是服务"、"教育就是服务"的氛围,寻求学校与家庭的互动,找准学校主动发展的道路。

操作方法:每学年,我校从两个层面推出教育服务承诺书。

校长从教育资源配置、学校系统管理、学生整体发展三方面；教师从班风学风、教育质量、学生活动几方面向家长、社会公示服务承诺的目标和内容，接受家长的全过程监督。

学校评价：每学年，我们举行2—3次与社区共建单位、家委会的沟通信息会，反馈学校在办学中的成效与不足，让社区干部、家长填写对学校管理的满意度。校内召开2—3次的教代会和座谈会，让代表们评价校长的承诺是否兑现，是否努力完成？满意度怎样？今后的努力方向是什么？而学校管理者必须整合各种反馈意见，及时反思、总结，调整下阶段工作的策略。

教师评价：每学期，学校召开2—3次家长会、教学开放活动，请家长评价教师的教学，期末发放征求意见表，让家长检验教师服务承诺的兑现程度，填写满意度。学校将教师个人自评、组内同行互评的情况，结合家长的评价由分管领导做总评，并列入教师期末综合考核。

"教育服务承诺"是对学校、教师自主发展评价的一个重要抓手，对教师的工作压力、挑战性较大。因为是承诺，必须讲诚信，为了兑现承诺，教师就必须进行经常性的自我反思、自我调控和自我提高。实现承诺的过程是教师奋斗的过程，是教师发展的过程。可以说，努力为家长、学生提供优质的服务、优质的资源已成为我校教师自觉地行动或者说是生存发展的必需。相信，随着家长对教育需求的不断提升，教育服务承诺内涵将不断增加，这个不断增加的过程就是学校自主发展的过程。我想，教师发展了，学生才可能发展，学校才会形成自主发展的良性循环。

三、实现课堂教学"四个开放"

强调课堂教学的开放，其基本的逻辑起点有两个，一方面是对现代教学特征的尊重，另一方面是对教师专业成长方式的理解。从教学的角度看，教学是预设与生成、封闭与开放的矛盾统一体。凡事预则立，不预则废。预设是教学的基本要求，教学是有目标、有计划的活动，教学的运行也需要一定的程序，并因此表现出相对的封闭性。传统教学过分强调预设和封闭，从而使课堂教学变得机械、沉闷和程式化，缺乏生气和乐趣，缺乏对智慧的挑战和对好奇心的刺激，使师生的生命力在课堂中得不到充分发挥。封闭导致僵化，只有开放，才有可能搞活。由此，开放性是新课程课堂教学的基本特征，也是落实"基于标准教学"的内在要求；从教师成长的角度看，尽管教师的专业成长本质上是教师内在的自觉性行为，但是，教师的成长显然不能仅仅依靠自我，而应该在与同伴的充分交流和互动中不断汲取进步与发展的元素，由此，要真正发挥课堂教学对于教师的专业成长价值，这种教学必然应该是开放的，应该成为教师之间相互学习和相互借鉴的平台。基于上述认识，围绕"课堂教学重建"，我校开展了形式多样的校本教研，如办公室家常性教研、备课组探讨式教研、学科组问题式教研、专家蹲点式教研、校际联动式教研等形式。为了推动教师专业发展，更好地创设民主真诚、平等互信的教师学校文化，我校建立以下四种开放制度。

其一，教案开放。多年以前，我校就推出了"个人认领——分工合作——资源共享"的电子备课模式，将上课教案变成大家网上学习的共有资源，在开放合作的学习过程中，在教育资源共享的基础上，来检验教案的设计是否注重三维目标，是否关注预设与生成目标。

其二，课堂开放。我校规定每学期教师必须邀请组内教师、分管领导听课2—3节，必须听本学科或外学科老师上课8节。

2006 年开始，我校部分组室尝试"走班制"上课模式，将课堂变成师生共同发展的场所。2007 年，我们正式提出课堂的三种开放形式，有三星级的全开放、两星级的邀请式开放、一星级的推门式开放。通过课堂开放，为大家在一起研究提供了话题；更重要的是，通过课堂开放，让老师们聚焦课堂，将课堂变成个人专业发展的练兵场。

其三，学科开放。我们每周一举行一次跨学科开放研究活动，活动成员来自各学科的青年、骨干教师，每次的任务是在集体听课后交流研讨、取长补短。上课老师则有教导处推荐、本人自愿，涉及语数英、音体美等十多门学科。通过跨学科的开放，打破学科壁垒，让不同学科教师相互对话、相互碰撞，走出学科本位，克服画地为牢，推动专业成长。

其四，评价开放。我校教师每学年都制订教育服务承诺书，根据承诺书，到学期结束，学校组织学生、家长对教师的工作进行抽样评价。结合教师个人自评、同伴互评、分管领导总评，最终纳入教师学期考核内容。通过开放多元的评价，改变分数唯一的传统评价模式。开放的评价，让教师的工作变得透明、公开，教师的专业也在承诺和兑现的过程中得到发展。

从学校教学变革与教师专业发展的角度出发，对于建立以上四种开放制度，我们有以下两点思考：

首先，建立开放制度，学校想创设一种互信合作、平等尊重、宽容接纳的教师学习文化。一名优秀的教师肯定具有强烈的责任感和进取心，作为管理者，要相信他们并发扬每位教师的长处优势。通过构建开放制度，营造彼此坦诚交流、分享信息、协助互动、资源共享的氛围，营造真诚互信、追求卓越的学校文化，让老师在相互鼓励中支撑，在开放合作中自信，在取长补短中双赢。

其次，建立开放制度，学校要打破传统的管理理念，依托群体的智慧，提升教师的个人专业水平。教师的工作性质决定了他不能是单干户，此外，教师的个人智慧是有限的，尤其面对新课改，他更需要同伴的互助，群体的智慧，打造一支"既有亲切温馨的氛围、更有积极向上的御小学习型团队"将是我们的不懈追求。

记得萧伯纳说过："你有一个苹果，我有一个苹果，交换以后还是一个苹果；你有一个思想，我有一个思想，交换以后就有两个思想"。我校建立开放制度，重建课堂教学，目的是想创设一种互信合作、平等尊重、宽容接纳的教师学习文化，是想塑造一支讲学习、讲合作、讲发展的学习型团队。通过教案、课堂、学科、评价的开放，拓宽校本教研的内容，让老师们在一起平等相融、有话可说，让他们在一起研究反思、有事可议，其间有思想的碰撞、矛盾的冲突、睿智的闪现，但最终实现的是一种共同的价值观。个人智慧需要群体智慧的完善，群体智慧需要个人智慧的补充。相信，在优势互补、共创共享中，教师的专业水平一定会得到发展，课堂教学质量也一定能提高。

四、开展基于标准的系列探索

围绕"基于标准的教学"，我们从理念的学习开始，依托学科教学，进行了一系列的教与学改革探索。

首先，组织教师研读课标。学校将"基于课程标准的教学与评价工作"作为教学重点，成立工作推进小组积极宣传，修定制度规范管理，同时开展集体研修引导教师树立课程标准意识，根据学生身心发展与认知规律认真落实，在2015年市专项督导组到校检查给予较高评价。

其次，开展学习准备期教学。按照市教委"学习准备期综合活动实施意见"，学校设置4周的学习课程，关注"零起点"教学，要求教师观察寻找学生的闪光点，采用激励性语言、肢体语言鼓励学生；教师克服传统经验惯性，放慢教学节奏，不拔高要求，不赶教学进度，不布置书面回家作业，改变分数评价杜绝排名，关注学生差异开展激励评价，学校组织教师参加"课堂评价用语""学生成长手册评价"比赛，共征集到500多条用语。

第三，推进校本作业设计。学校杜绝向家长推荐或要求购买教辅材料，学科组长引领教师开展作业设计研究，注重针对性、层次性，关注知识巩固和能力培养。2015年学校为减轻教师负担，提高教学质量，将自主设计、专家研发结合起来，编制课堂练习集，受到师生、家长欢迎。

最后，探索学业多元评价。根据市学业质量绿色指标要求，学校制定课堂表现评价量表，根据设定的参数观察学生的表现，教师各显神通给予学生鼓励评价。对于课后作业请家长针对作业兴趣、作业习惯、作业成果三个维度、四个等级开展评价，形成家校合力，提升学生综合素养。

以下是学校青年教师教学实践中的一些案例：

小学英语基于课程标准教学及评价的实践

社会生活的信息化和经济的全球化，使英语的重要性日益突出。英语作为最重要的信息载体之一，已经成为人类生活各个领域使用广泛的语言。作为一名小学英语教师，我致力于把新《英语课程标准》的理念渗透到英语教学中，进一步提高教学质量，实现课堂优质高效。

2013年11月18日下午，我有幸和莲溪小学吴佳华老师执教了区英语研讨课,我们分别执教了四年级 M3U3〈Intheshop〉的第一,第二课时,如何实施新课程标准,我通过备课、磨课、实践、反思有了比之前更深的体会:

（一）基于课标的备课

在备课中,我严格遵守课程标准提出的要求。基础教育阶段英语课程的目标是以学生语言技能、语言知识、情感态度、学习策略和文化意识发展为基础,培养学生综合语言运用能力。例如,在"新课标"中,小学四年级的总体目标为:对英语有好奇心,喜欢听他人说英语;能够根据教师的指令做游戏、做动作、做事情;能做简单的角色扮演;能唱英文歌曲和说英语歌谣等等。这就要求我们在实际教学过程中以课本和大纲为基础,从实际出发,充分体现出英语教学本身应具有的"灵活开放"的特点。

（二）基于课标的磨课

本节课的磨课次数为 5 次,其中不乏师傅卫老师与沈老师的悉心指导。在 2 次试教之后,我发现了问题。学生只有在游戏环节表现出足够的兴趣,能够积极主动地操练句型。而游戏过后,他们就心不在焉了。我们一直在寻求解决的方法。直至教研员叶老师的意见,使我们茅塞顿开。他提出,基于课程标准的教学不仅仅有教学内容吸引学生,还需要评价方法,检测学生的知识掌握程度。如何将评价方法用于教学实践,这是我们需要探索的问题。

小学英语课堂教学过程中,强调从"育人为本"的评价理念出发,重视对语言、行为、认知、情感和个性的整体评价,力求以形成性评价来激励学生学习兴趣并促进学生自主学习能力的发展。同时,注重培养和激发学生学习的积极性和自信心。

终结性评价应着重检测学生综合语言技能和语言应用能力。评价要有利于促进学生综合语言运用能力和健康人格的发展;促进教师不断提高教育教学水平;促进英语课程的不断发展与完善。

在之后的试教中,我尝试了使用部分激励性评价。学生回答得出色时,我会跟他击掌一次,或者拥抱一个,不要小看这样的动作,高年级学生还真是喜欢呢! 另外,在英语课堂中,我比较注重运用体态语言(如手势、眼神、面部表情、人际距离和自身动作等)向学生传递关爱的信息,对引起学生的求知欲望,调节课堂气氛,创设温馨的学习环境等起到积极的辅助作用。

(三) 基于课标的实践和反思

课程完成之后,周玲敏老师就四个方面进行点评。

首先,课堂导入性语句中的挖空填写。传统课堂中的背景语句都是直接出示,让孩子有初步印象。但是在本节课中,导入性语句有了适当的空格,让孩子集中注意力,边听边填。

其次,课堂的情感目标设置恰当,自然引出。通过在零食部购物的场景,建议孩子们不要多吃零食。并且通过游戏的方式让孩子愉悦地训练了核心句型。

接下来,对于饮料部门的教授,教师没有按照传统的教学方式,平铺直叙地来展开,而是留白给孩子,展示购物单上没有完成的项目,让孩子自己完成在饮料部的对话,很好地展示了从扶到放的过程。

最后,周老师建议在教授过程中让孩子真正体验购物过程。教师可以制作一些物品,放在贴板上,让孩子进行表演,真正去摘下自己要买的东西,让教学不停留于形式。

最后一个建议与课程标准的教学中的一项吻合,即采用活动途径,倡导体验式参与。针对小学生好动的特点,我们应采取任务型教学模式,即学生在教师的指导下,通过感知、体验、实践、参与、合作等方式,完成目标,感受成功,获取知识。在学习过程中进行情感和策略调整,以形成积极的学习态度,促进语言运用能力的提高。

　　基于周老师的评课意见,我又修改了教案。制作了表三,将所学物品放入超市的各个部门,让学生参与体验。

　　《英语课程标准》提出的理念要求我们必须调整传统的思维方式,帮助学生形成适合自己的学习策略。把课堂还给学生,让课堂呈现师生共同学习、共同探索、共同发展的状态。追求课堂教学的优质高效,是基础教育永恒的主题。它促进了教师观念的更新,优化了教师的教学行为,提高了教与学的效果,真正实现了新课程标准的要求,让我们的英语课堂焕发生命的活力。

(本案例作者为:陈秋萍)

2014 年一年级"小机灵闯关"阶段性评价活动方案

　　指导思想:

　　牢固树立基于课程标准的意识,遵循学生身心发展规律及教育教学规律,落实低年级起始阶段的课程标准各项要求。掌握基于课程标准的教学与评价的基本方法,促进学生全面发展与个性发展,引导家长科学的成才观和教育质量观,切实减轻学生学业和心理负担,提高课堂教学品质。

　　具体安排:

　　【语文】

　　活动名称:小机灵逛乐园

　　活动目的:通过朗读词语并从选择其中的几个词语进行说话练习,训练学生说话能力;通过比赛朗读古诗,提高古诗诵读的能力,增加学生学古诗的兴趣。

方案一:

小机灵大冲浪:

活动准备:从语文前三个单元学习的词语中选择一部分有关联的词语分布在四个版块中;准备 1—4 号抽签卡;教师及家长志愿者 6 人,场地引导员 2 人,印章 4 枚,根据评价标准敲章。

1. 能正确朗读 6 个词语得 2 颗星;能正确朗读 4—5 个词语的的得 1 颗星;正确朗读词语不满 4 个没有星。

2. 能用 2—3 个词语说一句话可得 1 颗星;能用 4—6 个词语说几句话的可得 2 颗星。

活动方式:

小朋友 4 人一组进入活动场地,先抽签,准备 1 分钟,然后到相应教师或家长志愿者中进行说话活动。相关教师和志愿者根据评价标准给予敲相应图章。

方案二:

小诗人诵古诗:

活动准备:古诗 4 首、准备 1—4 号抽签卡,教师及家长志愿者 6 人,场地引导员 2 人,印章 4 枚,根据评价标准敲章。

活动方式:每 2 分钟 4 名学生进行背诵古诗的活动,相关教师和志愿者根据评价标准给予敲相应图章。

评价标准:

1. 能正确背诵 2 首古诗可得 1 颗星;

2. 能正确吟诵 2 首古诗可得 2 颗星。

【数学】

活动名称:小机灵过关小机灵逛超市

活动目的:通过口答、操作等活动发展学生运用数学知识解决问题的能力;在超市实践活动中,模拟实际情景,发展学生口算、判断、做预案的能力。

活动一:

小机灵过关:

活动准备:针对数学前三个单元编拟 10 道操作、口答、观察题;准备 1—10 号抽签卡;教师及家长志愿者 10 人,面板一块,印章 3 枚,评价标准。

活动方式:

小朋友 10 人一组进入活动场地,先抽签,准备 1 分钟,然后到相应教师或家长志愿者出进行操作、口答或观察活动。相关教师和志愿者根据评价标准给予敲相应图章。

小机灵逛超市

活动准备:货品若干、货架若干、背景墙、虚拟货币、教师及家长志愿者 10 人,场地引导员 4 人。

活动方式:每 5 分钟 20 名学生进行购物活动,活动完成后到出口处敲章。

【英语】

名称:认词小能手儿歌我来读活动一:

认词小能手

活动准备:六组单词,每组六个单词,教师和家长志愿者 5 名。

活动方式:学生通过掷骰子选择其中的一组,然后进行朗读。根据朗读的正确率给学生进行评价并盖章。

活动二:

儿歌我来读

活动准备:课文中 Listen and enjoy 和 Song 的内容。

活动方式:学生任意抽取其中的一份,根据抽取内容进行表演或吟诵。教师及家长志愿者进行评价并盖章。

（本案例提供：教学教务处）

注重日常表现评价促进学生习惯养成

【概述】

日常表现评价是针对学生"习惯养成"的评价。依据年段学习要求，确定日常表现的观察点，设计观察记录表，及时记录学生表现，关注学生的习惯养成，给予客观的评价，积累评价数据。其操作路径一般为：

确立评价内容 → 确定日常表现观察点 → 制定评价标准 → 进行日常观察 → 上传等第评价 → 后台数据汇总

【案例呈现】

1. 确立评价内容

低年级学生不会倾听，注意力不够集中，自主学习能力弱，针对学生在课堂学习习惯上存在的问题，经过梳理，我们确立了二年级第二学期日常学习表现评价内容为：纪律、倾听、思考、参与、作业。

2. 确定日常观察点

根据"纪律、倾听、思考、参与、作业"这五方面的评价内容，从学习习惯、学习兴趣等维度，确定日常观察点，如下表所示：

表 4-1　一年级第二学期日常学习表现评价内容的日常观察点

观察点	学生课堂学习行为表现记录
	课前准备状况
纪律	遵守课堂纪律情况
	听课的注意力集中状况

表 4 - 2　一年级第二学期日常学习表现评价内容的日常观察点

观察点	学生课堂学习行为表现记录
倾听	注视老师和发言的同学。
	要耐心听讲,不打断老师的讲课和同学的发言。
	能够根据老师的要求做出及时的反映。

表 4 - 3　一年级第二学期日常学习表现评价内容的日常观察点

观察点	学生课堂学习行为表现记录
思考	能主动举手,回答老师的问题。
	能准确地回答老师的问题。
	能按老师要求正确圈划相应的内容。
	对老师的问题和同学的回答有自己的见解。

表 4 - 4　一年级第二学期日常学习表现评价内容的日常观察点

观察点		学生课堂学习行为表现记录
参与	读	口齿清楚,声音响亮,态度大方。
		能正确(流利)朗读词语、句子、课文。
	说	口齿清楚,声音响亮,态度大方。
		能根据要求把句子说完整。
		能根据自己的理解清楚地表达自己的意思。
	演	能积极参与表演。
		能根据情景要求正确表演。
		能根据自己的理解展示自己的想法。
	合作	能主动参与小组活动。
		能根据任务,服从安排。

续　表

观察点		学生课堂学习行为表现记录
参与	合作	能根据要求正确地完成任务。
		愿意将自己的成果与组内成员分享。

表4-5　一年级第二学期日常学习表现评价内容的日常观察点

观察点	学生课堂学习行为表现记录
作业	完成作业的及时性
	完成作业的认真度
	完成作业的独立性
	完成作业的正确率

　　低年级是各种习惯养成的关键期,良好习惯的养成需要一个较长的过程。我们依据课程要求和学生实际确立了五项评价内容:纪律、倾听、思考、参与、作业。根据这五项评价内容,结合学生课堂表现实际情况,重点从学生的学习习惯、学习兴趣等维度确定了日常表现观察点。如学生"思考"的观察点:"①能主动举手,回答老师的问题。②能准确地回答老师的问题。③能按老师要求正确圈划相应的内容。④对老师的问题和同学的回答有自己的见解。"这四个观察点,分别从四个层面体现了学生思考的习惯。教师可以根据学生相对应的表现,进行观察。

3. 制定评价标准

表4-6 一年级第二学期语文课堂表现评价量表

评价内容	优秀	良好	合格	须努力	评价结果
纪律	上课时，能遵守课堂纪律，不做小动作，不说废话，不影响他人。	上课时，能遵守课堂纪律，基本做到不做小动作，不说废话，不影响他人。	上课时，能在老师提醒下，遵守课堂纪律，基本做到不做小动作，不说废话，不影响他人。	上课时，不遵守课堂纪律，经常做小动作，说废话，影响他人。	
倾听	听课时，始终能注视老师和发言的同学；能耐心听讲，不打断老师和同学的发言；能根据老师的要求做出及时的反应。	听课时，大部分时间能注视老师和发言的同学；能耐心听讲，不打断老师和同学的发言；能根据老师的要求做出及时的反应。	听课时，需在老师的提醒下才能做到注视老师和发言的同学，根据老师的要求做出反应。	听课时，不能做到注视老师和发言的同学，无法根据老师的要求做出反应。	
思考	听课时，能主动举手，准确地回答问题，并能按老师的要求正确圈划相应的内容；同时对老师和同学的问题和回答有自己的见解。	听课时，能在老师的提点下，准确地回答问题；并能按老师的要求正确圈划相应的内容；同时对老师和同学的问题和回答有自己的见解。	听课时，在老师的提点下，基本正确地回答问题；并能按老师的要求圈划相应的内容。	听课时，不愿意回答问题；对老师的要求，不能正确圈划相应的内容。	

续 表

评价内容		优秀	良好	合格	须努力	评价结果
参与	读	朗读时，能正确、流利地朗读词语、句子、课文。并做到口齿清楚，声音响亮，态度大方。	朗读时，能正确地朗读词语、句子、课文。声音响亮，态度大方。	朗读时，能在老师提醒下，正确朗读词语、句子、课文，基本做到口齿清楚，态度大方。	朗读时，无法正确地朗读词语、句子、课文。	
	说	发言时，能根据要求把句子说完整。能根据自己的理解清楚地表达意思。做到口齿清楚，声音响亮，态度大方。	发言时，能根据要求把句子说完整。能在老师或同学的帮助下，清楚地表达意思。能做到口齿清楚，声音响亮，态度大方。	发言时，能在老师和同学的帮助下，根据要求能把句子说完整，并能做到口齿清楚，声音响亮，态度大方。	发言时，无法根据要求把句子说清楚。	
	演	课堂上，能根据情景要求参与表演，开展合理想象，展示自己。	课堂上，能根据情景要求积极参与表演。	课堂上，能在老师的帮助下，根据情景要求积极参与表演。	课堂上，不愿意参加表演。	

续 表

评价内容		优秀	良好	合格	须努力	评价结果
	小组合作	课堂上,能主动参与小组活动,根据任务,服从安排,能根据要求出色地完成任务。同时,能根据要求出色将自己的成果与组内成员分享。	课堂上,能参与小组活动,服从安排,能根据要求正确地完成任务,能将自己的成果与组内成员分享。	课堂上,能参与小组活动,服从安排。同时,能根据要求基本完成任务。	课堂上,不愿意参与小组活动,无法完成任务。	
	作业	能主动及时地完成课堂作业,并做到态度认真,答题正确。	能及时完成课堂作业,并能做到态度认真,答题正确。	能完成课堂作业,并能基本做到态度认真,答题正确。	不能完成课堂作业。	

我们根据日常学习表现评价内容的日常观察点,针对每个内容,根据达成度的不同,制定了四个等级的评价标准。每一档评价的后面,都撰写了一段相应的描述性评价对评价的结果进行说明,如"作业"这项内容中:学生"能主动及时地完成课堂作业,并做到态度认真、答题正确。"他的等第将为"优";学生"不能完成课堂作业。"他的等第将为"须努力",描述性评价揭示了等第的内涵,体现了孩子的差异性和个别化。

4. 进行日常观察

日常观察采用"全体关注,重点记录"的方法。老师通过课堂观察学生的习惯及表现,每天课后,根据学生当天的表现,进行相应的评价。具体操作流程如下:

① 利用日常表现观察表(见表 4 - 7),对学生在日常课堂学习中纪律、思考、倾听、参与和作业这五方面的行为表现进行评价。

② 每天课后,根据学生的实际表现对学生进行评价,直接将评价结果上传平台。

③ 纪律、倾听、作业均值为优秀,参与、思考均值为良好;如学生表现不佳,作业不能在规定时间完成,按实际情况下降一个等第。

④ 运用等第制评价,分为"优秀""良好""合格""须努力"四个等第。

表 4 - 7　一年级第二学期日常学习表现观察表

班级		姓名学号					
观察点	学生课堂学习行为表现记录	每日网络评价					
		1	2	3	4	5	
纪律	课前准备状况						
	遵守课堂纪律情况						
	听课的注意力集中状况						

观察点	学生课堂学习行为表现记录		每日网络评价				
			1	2	3	4	5
倾听	注视老师和发言的同学。						
	要耐心听讲,不打断老师的讲课和同学的发言。						
	能够根据老师的要求做出及时的反映。						
思考	能主动举手,回答老师的问题。						
	能准确地回答老师的问题。						
	能按老师要求正确圈划相应的内容。						
	对老师的问题和同学的回答有自己的见解。						
参与	读	口齿清楚,声音响亮,态度大方。					
		能正确(流利)朗读词语、句子、课文。					
	说	能根据要求把句子说完整。					
		口齿清楚,声音响亮,态度大方。					
		能根据自己的理解清楚地表达自己的意思。					
	演	能积极参与表演。					
		能根据情景要求正确表演。					
		能根据自己的理解展示自己的想法。					

观察点		学生课堂学习行为表现记录	每日网络评价				
			1	2	3	4	5
参与	合作	能主动参与小组活动。					
		能根据任务，服从安排。					
		能根据要求正确地完成任务。					
		愿意将自己的成果与组内成员分享。					
作业		完成作业的及时性					
		完成作业的认真度					
		完成作业的独立性					
		完成作业的正确率					
总评（网络自动生成）							

5. 上传等第评价

学校建立了"学生成长档案平台"包含了：荣誉奖励、身体素质、学科学习、社团活动、体验活动和班主任寄语六大板块。每天课后，老师会将当天的评价结果上传到学生成长档案平台上的"学科学习"栏目中。家长也可以通过学生的账号，随时登陆平台，查看学生近阶段的表现。

6. 后台数据汇总

一个阶段以后，后台根据每天记录的数据，进行自动汇总，并给学生一个阶段性的评价。

通过一年多来的日常表现评价研究，我们的评价理念首先发生了转变：我们认为基于课程标准的评价能激发学习兴趣、培养学习的主动性和树立学习的自信心,这些学习的内在动因是学生可持续发展的基础,对于低年级的学生来讲更应该关注的是学生喜不喜欢,愿不愿意,从而积极地发挥评价的促进作用。

一年多来,我们可喜地发现,通过日常表现评价,老师和孩子们在一起的时间多了,老师对孩子的了解更具体、更深入、更全面了;孩子们的学习主动性、积极性得到了更好的激发,大多数学生会自觉地将自己的课堂行为和课堂评价联系起来,有了在课堂上严格要求自己的愿望,课后完成作业的质量和效率明显提高了。实践证明,这样的评价确实收到了一定的效果。

当然,我们的评价也存在着一些问题,比如评价结果不够客观,部分教师还是有凭印象来评价的现象、评价结果不能及时上传等,在今后的实践中还需要继续研究和完善。

（本案例提供：教学教务处）

节气闯关任我驰骋

2017 年 5 月 4 日的清晨,柔和的阳光投射着大地,御桥小学的教室里早已人头攒动,每一个孩子们都在为即将开展的"节气闯关赛"而跃跃欲试,兴奋和激动之情溢于言表。伴随着优美动人的音乐声,"节气闯关赛"嘉年华正式拉开了序幕。很荣幸,我作为家长志愿者参加了这次意义非凡的活动,摇身一变,从家长变身为参与者,陪伴着孩子一起参与其中,切身感受到了浓浓的文化气息的同时,体会到了御桥小学校方和老师在此次活动安排中的良苦用心。

二十四节气是中国古代订立的一种用来指导农事得的历法,早在春秋战国时期就已形成。它既能反应季节的变化,又能指导农事活动,影响着千家万户的衣食住行,对于孩子们而言,了解二十四节气的习俗,也能让他们近距离体会古代劳动人民智慧的结晶,对中国的农业文化有更加深刻地理解。因此,此次闯关活动共分为六大板块——说立夏习俗,颂节气古诗,春分的色彩,立夏说英文,节气时刻,春分来播种,以节气为主题,对于孩子们展开德、智、体、美、劳等全方面的考核。

为了营造活动的氛围,大部分学生和家长志愿者们纷纷穿上了色彩鲜艳的汉服参加这次活动,造就了一道美妙的风景线。活动开始前,孩子们个个都胸有成竹,感觉胜券在握。

闯关活动开始后,每个孩子都积极地投入到活动中去,第一关"说立夏习俗"时,孩子们面对立夏习俗的介绍纷纷侃侃而谈,看到每个孩子脸上自信的神情,听到每个孩子流利的介绍,家长考官、老师和校领导们的心中都乐开了花。闯关成功后,孩子们都会很有礼貌地向家长考官们微笑致谢,举止投足之间透露着谦逊与感恩。"立夏说英文"环节,孩子们用英语流利地进行应答,简单而轻松,闯关结束时每个孩子都会微笑着用英语说声"Thank you",看似简单的一句话,却彰显出学校在德育工作建设方面的显著成果,这样的氛围也潜移默化中影响着孩子们,把他们培养成为一个时怀感恩之心的人。

这次闯关活动的项目都不同程度的融合了语文、数学、英语以及综合学科多种元素,并且穿插进行。寓教于乐,让孩子们在欢声笑语之余,也能学习到很多书本中学习不到的知识,自身的能力也能得到一定程度的锻炼,可谓是一举多得。全部闯关之后孩子们兴奋地扬起手中的"闯关卡",展示着自己的累累战果,有些孩子甚至激动地跳了起来。与获得的成果相比,更令孩子们欣喜的是在活动过程中所收获的自信与肯定。以更富挑战性的闯关形式来对于孩子各方面能力进行考核,即能充分调动学生们学习的积极性，又真正做到了减轻学习负担，学习娱乐两不误。家长们的参与，也进一步加深了家校之间的联络和沟通，意义重大。唯一美中不足之处就是闯关六大模块之间速度太快了，无法捕捉到每位同学的倩影，加上大部分同学穿了汉服，在春分来播种的体育闯关跳绳项目上，服装一定程度上影响了发挥，略有耽误，但每个孩子都能乐在其中。

作为家长志愿者，通过这次活动也让我深信在校方的领导和老师们的精心照料下，御桥小学每个孩子都能天天进步，在不断的自我挑战中完善自我，提升自我，取得更大的突破

（本案例作者为：渠雅然家长）

【本章启示】

在创造中追寻教育的魅力

在历史发展的不同时期，教师的价值有着不同的界定，教师的使命在不断变化，但是始终不变的是，作为教师，必须关注学生的精神世界和整个生命发展，必须对学生的一生负责。这也就意味着今天的教师，今天的教育活动，其核心使命就是使学生能够适应这个变化的时代，活出生命的价值与意义。长久以来，人们对于教师的认识存在偏差，不把教师看作是创造者，而把他们仅仅当作知识的传递者，而实际上，不论是从教育发展变革的急剧性看，还是从学生生命成长的多元性看，教师的工作，教书育人的过程都应该是一个充满变革，充满创造意蕴的活动。因此，教育的魅力，教师的价值，归根到底都应该通过创造来体现，这种创造最为核心的表现就是课堂教学理念与方式的不断推陈出新。在创造中实现自己的价值，实现教育的使命，理应成为当代教师不懈的追求。

第五章　师资队伍——定位每个教师的成长坐标

百年大计,教育为本;教育大计,教师为本。教师承担着传播知识、传播思想、传播真理的历史使命,肩负着塑造灵魂、塑造生命、塑造人的时代重任,是教育发展的第一资源,是国家富强、民族振兴、人民幸福的重要基石。2018 年 1 月 20 日,中共中央、国务院联合下发了《关于全面深化新时代教师队伍建设改革的意见》,对我国新时代教师队伍建设进行了顶层设计,这是新中国成立以来党中央出台的第一个专门面向教师队伍建设的里程碑式政策文件、《意见》指出,未来一个时期的教师对其建设,要全面贯彻落实党的十九大精神,以习近平新时代中国特色社会主义思想为指导,紧紧围绕统筹推进“五位一体”总体布局和协调推进“四个全面”战略布局,坚持和加强党的全面领导,坚持以人民为中心的发展思想,坚持全面深化改革,牢固树立新发展理念,全面贯彻党的教育方针,坚持社会主义办学方向,落实立德树人根本任务,遵循教育规律和教师成长发展规律,加强师德师风建设,培养高素质教师队伍,倡导全社会尊师重教,形成优秀人才争相从教、教师人人尽展其才、好教师不断涌现的良好局面。《意见》强调,到 2035 年,教师综合素质、专业化水平和创新能力大幅提升,培养造就数以百万计的骨干教师、数以十万计的卓越教师、数以万计的教育家型教师。教师管理体制机制科学高效，实现教师队伍治理体系和治理能力现代化。教师主动适应信息化、人工智能等新技术变革，积极有效开展教育教学。尊师重教蔚然成风，广大教师在岗位上有幸福感、事业上有成就感、社会上有荣誉感，教师成为让人羡慕的职业。

　　全面加强教师队伍建设，根本的路径是推动教师专业发展。从当前世界各国教育变革的趋势看，无不把教师专业发展问题作为教育改革的重中之重，把教师队伍建设视作关涉教育改革成败的关键问题。尽管"教师专业发展"概念在全球范围内的提出还不到半个世纪，进入我国的研究领域也不过是近一二十年的事情，但发展至今，教师专业发展的议题不仅在理论层面已成为显学，而且在实践层面也呈现出活跃多元的样态，如何在澄清教师专业发展理念的基础上，从不同层面设计指向于教师专业成长的适切路径，始终是一个关乎教育变革成败的关键性问题，也理应成为每一个学校在推动内涵发展过程中的理性选择。

第一节　专业成长：教师一生的使命追求

　　教师专业发展的概念是近代以来对教师职业发展的总结。国际上，对教师专业化问题的关注始于年月联合国教科文组织和国际劳工组织《关于教师地位的建议》的报告。报告对教师职业的属性、特征做出了较明确的界定，提出"应把教育工作视为专门的职业，这种职业要求教师经过严格地、持续地学习，获得并保持专门的知识和特别的技术"。这是国际上首次以官方文件形式对教师专业化做出明确的说明，是第一次经由国际间的教育学者和政府人士共同讨论与合作，对于各国的教师地位，给以了专业的确认与鼓励。到了 20 世纪 80 年代，由于教育发展的需要,提高教师社会地位的呼声以及专业化模式的转型,使得西方的教师专业化进入了一个全新的阶段。1986年,美国卡内基工作组和霍姆斯工作组相继发表了《国家为培养世纪的教师作准备》和《明天的教师》,这两份报告明确提出了"教师专业化"的概念,并将其视为提高公共学校教育质量的惟一途径。

一、教师专业发展的内涵阐释

要分析教师专业发展的内涵,首先需要理解的一个概念就是"专业"。"教学能否成为专业,教师能否成为专业者,教师正在成为专业者还是已经成为专业者"等问题都取决于对"什么是专业和教学专业"这一前提性问题的理解。

目前对专业有教育学和社会学两种意义上的理解,教育学意义上的专业主要指学科分类,如数学、化学等学科专业。社会学意义上的专业指专门职业,教师专业发展中的"专业",显然指的是后一种。

"专业"一词最早从拉丁语演变而来,原始的意思是公开表达自己的观点或信仰。德语中"专业"一词是 beruf,其含义是指具备学术的、自由的、文明的特征的社会职业。《现代汉语词典》中关于"专业"的解释包含三个方面的内容:高等学校的一个系里或中等专业学校里,根据科学分工或生产部门的分工把学业分成的门类;产业部门中根据产品生产的不同过程而分成的各业务部门;专门从事某种工作或职业的。

专业,即专门职业,作为一种社会现象,最早出现于中世纪以后的欧洲,早被认为是专业的职业是医生、律师和牧师。后来,又有一些职业如工程师、计师、建筑师等被冠以专业的称号。

1933 年,社会学家卡尔·桑德斯(Carl Saunders)在其的经典研究《专业》一书中,首次为专业下定义,他认为:"所谓专业,是指一群人在从事一种需要专门技术的职业,是一种需要特殊智力来培养和完成的职业,其目的在于提供专门性的服务"。之后,许多社会学家都尝试着为专业下定义。然而,正如社会学者莫里斯·科根(Morris Cogan))所说的:"有多少个研究专业这个课题的学者,便有多少个专业的定义"。也许,明智的做法只能认为:"专业的概念不是固定不变的,倘若要给专业寻找定义,那么我们的目标应是对专业群体共同性的宽泛概括,而不是一套严格的充分必要条件"。

概括地说,专业群体的共同性还是十分明显:专业是社会分工与职业发展到一定历史阶段,从众多职业中分化出来而形成的一种特殊职业类型;在功能上,专业具有重要的社会功能,承担着重要的社会责任,体现了重要的社会价值;在性质上,专业是一个相当复杂、需要高度心智的创造性劳动,需要充分展开智慧的活动;在行为上,表现为从业人员面对复杂情况时,需要运用专门的技能技巧去从事职业活动,具有很强的不可替代性;在职业道德上,表现为专业人员具有为自己所做的判断与行为负责的责任意识,对所从事的工作具有很强的专业认同感;拥有本行业的一系列自主权;享有良好的职业声望,拥有很高的社会地位。

在本书看来,教师专业中的"专业"不是指所教的学科"专业",而是把教师的"教育行动与教育活动"视为其专业表现的领域。①

---

① 刘捷.专业化挑战世纪的教师[M].北京:教育科学出版社,2004.65.

在世界范围的教育改革浪潮中，人们越来越认识到，教育改革的成败在教师，只有教师专业水平的不断提高才能造就高质量的教师队伍，才能提高教育的整体水平。因此世纪年代在教师专业化的进程中，出现了一个转折，即从追求教师职业的专业地位和权利功利主义转向追求教师的专业发展、人们对过去忽视教师专业发展和教学技能提高的做法给予了强烈的批评，教师专业化目标的重心开始转向教师的专业发展。

教师专业发展是一个颇有争议的概念。以霍伊尔（E. Hoyle）和格拉特霍恩（A. Glatthorn）等为代表，有些人认为教师专业发展是教师专业成长的过程，有些人认为教师的专业发展是教师专业成长的结果。按照霍伊尔的看法，教师专业发展是指在教学职业生涯的每一阶段，教师掌握良好专业实践所必备的知识与技能的过程。利特尔却认为教师专业发展是指促进教师专业成长的过程教师教育。而格拉特霍恩认为教师发展即"教师由于经验增加和对其教学系统审视而获得的专业成长"。佩里（Perry）也认为教师专业发展意味着教师个人在专业生活的成长，包括信心的增强、技能的提高、所任教学科知识的不断更新拓宽和深化以及对自己在课堂上为何这样做的原因意识的强化。哈格里夫斯（Hargreaves）和富兰（Michael Fullan）在使用教师专业发展这一词汇时，既指通过在职教师教育或教师培训而获得的特定方面的发展，也指教师在目标意识、教学技能和与同事合作能力等方面的全面的进步。

我国学者对这个概念也有一些观点，但基本上是综合他们的观点而提出的。我国学者叶澜等认为，"教师专业发展就是指促进教师专业成长或教师内在结构不断更新、演进和丰富的过程"。朱宁波等人则认为"教师个人在历经职前师资培育阶段、任教阶段和在职进修的整体过程中都必须持续地学习与研究，不断发展其专业内涵，逐渐达到专业圆熟的境界"。刘万海则撰文指出"教师专业发展是以教师专业自主意识为动力，以教师教育为主要辅助途径，教师的专业知能素质和信念系统不断完善、提升的动态发展过程"。教师专业发展不仅仅是一个过程，也是教师专业学习过程的结果，并且以教师专家知能的逐渐形成为主要特征。这些界定总体上都是围绕教师专业素质与专业成长这一视角来解释教师专业发展内涵的。

在笔者看来，教师的专业发展是指教师多阶段的连续的专业成长过程，是职前教育、上岗适应和在职进修提高的一体化的过程。教师专业发展的根本本质是教师素质的提升。教师专业发展具有的三个主要含义"专业地位的提升""专业自主的建立"和"专业尊严的维持"必须有赖于教师素质的提高得以实现。

尽管人们概括出来的专业发展特征很不统一，但在一些基本问题上还是形成了比较一致的看法。总括起来，教师专业发展特征和其他职业专业发展一样主要涉及以下方面：强调长时间的系统培训；掌握专门的知识和技能；拥有自己的专业伦理；强调工作的智力性实践和在实践中不断学习的需要；重视专业团体对工作质量和不断学习的监控；强调严格控制入职标准等。结合对专业化概念的理解和教师职业特点，概括地说，教师专业发展是指教师个体的专业水平提高的过程，以及教师群体为争取教师职业的专业地位而进行努力的过程和结果。前者是指教师个体的专业发展，后者是指教师职业的专业发展，二者共同构成了教师的专业发展。

二、教师专业发展的核心价值

教师专业发展是教师的核心使命，也是学校管理，特别是教师管理的重要目标指向,因而,不论是对于教师个人,还是对于学生成长、学校发展乃至整个教育的变革,教师专业发展的意义和价值都是非常明显的。从根本上说,教师专业发展的价值最为核心的表征主要体现在两个方面,即：重构教师对教育的理解和重构教师对自我的认知。

(一) 重构教师对教育的理解

随着人们对教育意义的深入研究,大众对教育的基本理解也在逐渐发生转变。纵观当前教师教育改革的各种理论,虽然这些理论的话语表述各不相同,但是这些理论使教育的意义发生了转变。即开始由单纯强调普适性的教育规律转向寻求使某种教育得以可能的意义。这些理论不再强调科技理性下的概念、法则、确定性,而转为对生命、意义、价值、不确定性、复杂性的关注。因此形成了"教育是以一个灵魂影响另一个灵魂"等结论。关于这一点,科学家钱学森曾经对教育进行了精辟概括"教育的最终机制在于人脑的思维过程"。综合各种教育论点表述,教育的本质不在于知识传授,而在于对学生生命个体的激励、唤醒、鼓舞。正如怀特海(Alfred North Whitehead)在《教育的目的》一书中所指出的"教育的全部目的就是使人具有活跃的智慧"。

一直以来,对于教师专业发展都是强调教师专业知识和技能的培养,而根据现行教育的本质,教育是在学生理解的每一个瞬间,教师需要促成学生更多的知识理解,使其对相关问题产生更多的有意义的思索,要达成这个目的,显然单靠现行教育培养模式是不够的,传统的教师培养方式由于在实践中的无力感也面临着种种危机。教育本质的全新理解意味着进行教育的教师在专业发展方面也必须以此目标达成来促进。基于教育的本质意义,教师专业发展可以理解为使教师能够打破当前的认知壁皇,跳出对问题的思维窠臼,对待问题有理性态度,不自从、不迷信,能够以自身的思维发展帮助学生思维的发展。从根本上讲,教师专业发展需要教师改变现有的教学模式和教学方法,能够结合实际问题理性创新。维特根斯坦(Ludwig Josef Johann Wittgenstein)曾经说过:"一旦新的思维方式得以确立,旧的问题就会消失。"由此可见,教师专业发展实际是一种思维方式的变革,其核心的价值在于帮助教师形成对教育工作的正确理解,激发教师基于教育正确理解的思维与行为变革。

(二)重构教师对自我的认知

首先,教师专业发展有助于唤醒教师的主体意识。虽然教师的教学活动是在鲜活的情境中进行的创造性活动,但是在以往历次教育改革中,教师总是被认为是课程知识的消费者,关于教师对教育的理解及其教学实践体会在教育改革中都鲜有关注。教师被理解为课程的执行者,其对于所有教育改革建议只能接受,但是在教学成果、课程改革的衡量中,教师往往又被列为课程成效不彰的批评对象。从根本上讲,教师是课程教育改革的参与者和实施者,是教育的主体角色,要使这个角色能够充分发挥主体意义,就必须通过教师专业发展来尊重和唤醒教师的主体意识,使其正视自己的主体角色,从而对自身的信念、价值及外来环境都有客观认知,使其愿意突破习以为常的教学现状,愿意积极投入课程与教学改革,能够在课堂教学中充分发挥自身的主观能动性,而不仅仅对知识进行运输传递,只有这样,教师才不会只是在成果评价中成为原因分析的影响因素。

其次,教师专业发展能够凸显教师职业的不可替代性。虽然教师一直有"人类灵魂的工程师"等较高的评价,但是在实际生活中,中小学教师的专业性并没有得到足够的认可和重视,大众对于中小学教师的认知一直是把已有的知识发现与发明教给学生，并无复杂性可言。很显然，这种认知消解了教师自身对知识的意义建构、教师对学生的思维导向以及学生的意义建构等三种思维建构过程，否定了教师在教学过程中的思维创造价值，但是，这种观点还是得到了广泛的认同。教师职业具有自己的专业特点，教师专业发展便是把这种专业性加以突出和强调。虽然专业社会学对于什么是专业的界定方法不同，但是有一点是共通的，即专业一定是具有不可替代性的，由此，教师的专业发展可以使教师职业的不可替代性更加突出。

三、教师专业发展的理念革新

20 世纪 80 年代以来，教师专业发展日渐成为人们关注的焦点和当代教育改革的热点问题之一，并成为教师专业化的方向和主题。教师专业发展被认为是从教育学维度界定教师个体内在的专业化水平的提高。从本质上来说，教师专业发展是教师个体专业不断发展的历程，是教师不断接受新知识和增长专业能力的过程。教师要成为一个成熟的专业人员，就需要不断地学习与探究，进而不断拓展其专业内涵、提高专业水平、从而达到专业成熟的境界。教师专业发展表现为一个过程，这个过程不是盲目的，而是应该以一定的理念为支撑。从我国目前教师专业发展的实践看，教师专业发展的问题主要表现为发展动力上的主体性迷失、发展内容上的技能化取向与发展阶段上的整体性分割，因为这些问题的存在，导致教师专业发展实践成效的不尽如人意，也在很大程度上昭示了教师专业发展理念的转型与创新需求。

（一）自觉的唤醒：教师专业发展的主体力量

教学不仅是拥有知识技能的专业，更是人与人之间相互对话和建构的生命活动，是个体在社会化过程中求真、趋善、向美的过程，是师生共同提升生活质量、开拓生命境界、感悟生命意义的过程。从这个意义上说，教师专业发展的最大动力不是来自于外在的理性和规约，而是生命内在的感动、激情、灵感、创造等非理性因素，它源自教师生命的超越性。人总是要寻找有意义的生活，这就决定了人的生命与动物的生命有了本质的不同。"动物是和它的生命活动直接同一的。它没有自己和自己的生命活动之间的区别。它就是这种生命活动。人则把自己的生活活动本身变成自己的意志和意识的对象。它的生活是有意识的。"对教师来说，生命的超越性意味着他能够直面原生态的教育现象，去除成规旧俗的观念遮蔽，能够与生动的教育情境和变化的教育对象保持着对话与互动的格局，不断修正、补充和完善自己的教育理解，追寻有意义的教育，将教育作为一种独特的生活方式和精神姿态。从这个意义上说，教师专业发展不是外在力量的规约、外在要求的强加，而是教师自身生命走向充盈、丰富和提升的过程，每一个教师不是倾听者、执行者而是自己专业发展的方案设计者、过程体验者和历史建构者。倡导教师专业发展，就是要激发教师内在的专业自觉，让教师成为自我发展的主动思考者、设计者、实施者和达成者。

（二）经验的反思：教师专业发展的实践取向

教学活动的实践性赋予了"技能训练"对于教师专业发展的重要意义，但是，如果一味强调并依赖于"技能训练"，教师专业发展过程往往会演变为教学技能、技术的模仿和操练过程，演变为教学模式、方法的归纳和总结过程。在这个过程里，教师所关注的重点是教学技能和方法的确定性、普适性,是它对于教学实践的工具意义,至于支撑这些技能和方法的思想、理论是否合规律性、合目的性,则无心去做深层的追问。教师总是有意无意地忽略充满流变的个体经验世界,甚至抛弃教学实践中的"自我"体验和"自我"理解,而总是寄望于从"他者"那里获得公共性的技能模式,以应对千变万化的教学对象、内容、情境和过程。因此,教师专业发展过程所关注的是可量化、可简化、可操作化的教学技能目标、操作步骤和行动要领,如怎样钻研教材、怎样组织教学、怎样进行课堂提问、怎样设计和书写板书等。教师在既定的思想理论框架里日复一日地训练"技能",其结果是教学之技巧变得越来越娴熟,教学之手段变得越来越高明,教学之经验变得越来越丰富,但他们始终没有自己的教育理解,没有关于教育的直觉、灵感、想象和创造,更没有思想的突破和超越、智慧的生成和演绎。

对教师来说,个体经验是形成反思的前提。反思性教学是立足于自我之外的批判地考察自己行动及情境的能力。包括"对实践的反思""实践中反思"和"为实践反思。反思不只是意味着一种思考问题的角度和方法,更重要的是它是教师主体力量的表现形式,是教师对教学实践的自我体验、自我诊断、自我觉悟、自我调整和自我更新。反思指向的不是教学技能和方法的普遍性,而是个体对于教学的体验、回味、感悟和建构。这种融汇着主体精神的"实践"不是教学理论的简单运用,也不是对教学理论的证实或证伪,而是教师不可重复的、未被特定化的个体生命活动,是独一无二的"这一个"。对于个体经验和个体反思的重视,意味着每一个课堂都成为实验室,每一名教师都成为科研共同体的成员,实践中遇到每一个典型问题都是研究对象。

这就要求教师真正把握学校生活和课堂生活中的"关键事件"，建立历时比较的纵坐标和共时比较的横坐标，深度发掘这些事件的特定意义，在真实的问题情境中展开研讨和交流。当教学实践的主客双方弥合无间、交融于一时，教师才得以从普遍的规训中解放出来，从生动案例与叙事中、从切已的行动与反思中获得真实的教育理解，不断调整自己的行走方向、从这个意义上说，转换教师专业发展范式，根本上是对理想教师专业形象的重新定位，是对教师的重新发现，也是适应当前基础教育变革的教师专业发展路径。

值得一提的是，教师专业发展的实践取向，并不否定教师理论对于教师职业成长的重要指导性价值，相反，让教师通过研究来促进自身成长也是一个颇受关注的路径，正如有研究者提出的，从国际教师专业化探索过程来看，教师要想获得持续发展，适应教育变革及其新要求，作一名"学习者"是很不够的，更需要教师有能力对自己的教育行动加以省思、研究、改进，即树立"教师即研究者"的专业发展理念。教师的研究与专业教育理论工作者的研究有很大不同，微观性、实践性、行动性和草根性是其基本属性，正是因为这种属性的存在，教师的研究才不会远离实践，才会对其专业成长产生直观的价值。

（三）团队的打造：教师专业发展的保障机制

在相当长的一个时期内，教师的专业发展问题始终笼罩着浓厚的"个人主义文化"色彩。所谓教师"个人主义文化"主要是指教师个人要求尊重专业自主权、承认个体实践性知识的价值和实现专业自我发展，且多少带有一点自以为是和自我封闭的文化特征。教师个体主义文化的形成有着十分复杂的社会、组织和职业因素，其尽管有助于教师实践性知识的获得，有助于教师学术成果的丰富,有助于形成教师鲜明的教学个性,但是在教育变革日益复杂的今天,教师专业发展的个人主义文化越来越受到否定和排斥。正如奥地利学者哈耶克(Friedrich August von Hayek)指出的那样:个人主义在今天名声不佳,与人们机械地将它等同于利己主义与自私自利有关^正是在对教师专业发展个人主义文化的批判之中,教师专业发展的团队文化建设受到了越来越多的重视,合作主义成为当前教师专业发展的重要理论和价值取向,这种文化强调教师专业发展共同体的打造,凸出教师在专业成长中的相互帮助、相互借鉴和相互支持。

合作主义与个人主义代表了两种不同的教师文化形态,也代表了两种不同的教师专业生活方式。以合作主义教师文化为特征的教师专业发展不断而临来自个人主义教师文化的抵抗。这种对抗既可能成为教师专业发展的动力,也可能成为教师专业发展的阻力,关键是在两种文化之间寻求一种合理的张力,缓解两种文化紧张给教师个人所带来的文化焦虑,合理利用传统教师文化的积极因素,使新的文化因素能够更顺利地发育、生长,从而引导教师不断成长。对于学校而言,就是一方面要充分调动教师自我的专业发展意愿,另一方面,要通过教师团队的打造和教师合作文化的营造,为教师专业发展提供完善的文化和组织保障。

第二节 团队合作:教师发展的校本设计

教师专业发展是一种特殊性的成长过程,需要充分考虑其内在特质。教师专业发展的特质是与其他职业群体相区别的专业发展特征,它既体现了教师专业发展的独特性,又体现了教师专业发展的内在规定性。对教师专业发展特质的正确把握,有利于我们采取科学的实践路径,有效促进教师的专业发展。目前,促进教师专业发展的主要途径是通过官方施行批量式的课程培训,这种方式虽然能够从整体上规划大批量教师的专业发展,以学时和考试成绩为指标来确认教师的专业成长;但从实际效能来看,它在一定程度上弱化了教师专业发展所扎根的教育实践和教育情境,忽视了教师专业发展过程中面临的各种不确定性,以及师生之间的情意感通,缺乏对教师专业发展所处的多元关系系统的综合考虑,使教师专业发展的特质遭遇遮蔽。①由此,必须立足学校实际,立足课程与教学变革的现实场域,探索推动教师专业成长的学校路径,让教师专业成长真正有根基,让每一个教师都能够在学校教育变革的大潮中寻找到自己的成长坐标。

在御桥小学看来,要让学生健康幸福成长,教师必须首先发展。学校实现从薄弱学校、规范学校、优质学校的"三级跳",最大的动力来自于教师对教书育人的文化自觉。我认为,育人是学校的主要职能,而教师是实现这一目标的主力军、关键人物。因此,坚持"教师第一"成为学校管理的主要任务。

学校以合作探索的校园文化为指针,在团队合作中提升教师专业发展能力,用"学校的发展凝聚人,用真挚的感情关心人",对教师提供适合的舞台,提出适当的要求,让教师体验职业的幸福感、成功的愉悦感。

一、形成团队合作的理性认识

伴随着组织文化的兴起,关于团队合作的研究在各个领域

---

① 毋丹丹.论教师专业发展的特质及其实践路径[J].教师教育研究,2017(3).

也迅速崛起。而依据组织文化学的研究,单个的人如果没有文化属性,他就会成为游离于团队的"无家可归"的个体。由于人总是浸润在一定文化中,那么要改变和塑造一个人,就要从人所处的文化环境入手。文化环境"缄默"地影响着个体的文化观念、价值取向和行为规范,所以精心营造良好的文化氛围就显得异常重要。因为,一个积极健康的文化氛围,总是有利于促进个体的继续发展的,而一个病态的文化氛围,必然会影响个体的积极发展的。但是,文化是无形的,是寄托在一定的载体中的,这个载体就是由单个的人所组成的团队;而对于团队来说,其核心便是团队成员之间的合作。

在教育领域,学校作为一个由教师和学生组成的集体,其中就包括了教师以各种形式形成的各种团体,如备课组、教研组和师生共同体等。在每个教师参与的团队中,其隐形存在的组织文化会对教师成员的专业发展产生极其深刻的影响,包括教师的价值观念和行为规范。而在现代学校管理中,团队合作是十分重要的问题。团队作为一个合作组织,它的健康运转有赖于个体的良好协作、部门的协调配合,其背后隐藏的便是看不见的手:团队合作文化。在教育教学的各个环节中,都要求团队发挥整体的工作效能,将个体探究的智慧融入群体的成果中,让个体的教师更好、更充分地发展自我。因此,促进教师专业发展,形成良好的组织文化,首要的就是要重视教师所参与的团队合作,进而在团队合作中来提升教师的探究能力,进而促进教师的专业成长。

所谓团队合作指的是一群有能力,有信念的人在特定的团队中,为了一个共同的目标相互支持合作奋斗的过程。它可以调动团队成员的所有资源和才智,并且会自动地驱除所有不和谐和不公正现象，同时会给予那些诚心、大公无私的奉献者适当的回报。如果团队合作是出于自觉自愿时，它必将会产生一股强大而且持久的力量。对于学校发展来说，如果在教师所参与的群体之间建立相互协作的团队组织，形成良好的团队合作文化，必将使学校发展迈上一个新的台阶，也更能促进教师的专业发展，提升教师的探究能力。

近年来在学校的稳步发展中，特别是 2009 年接盘地杰新校区后，我们深感团队合作带给学校的重要影响，并积极在理论上和实践上寻找适合促进教师团队发展，提升教师探究能力的路径。在理论上，两年来，学校围绕教育署课题《激励教师专业发展的学校组织文化变革》实验项目，坚持从学校实际出发，将《在团队合作中提升教师探究能力》的实践和研究作为学校组织文化变革的主要抓手，形成以"团队合作，提升教师探究能力"为抓手的师资队伍建设目标，从而逐步改进原有不适应现代学校制度建设、现代教师管理的组织文化。实践中，学校通过培养团队合作意识、创新合作方式、练就合作技能，催化教师探究能力的形成和发展，达到激励教师专业发展的目的。但是，从日常教师的教学思想和教学行为来看，教师个体意识强于团队意识，对在团队合作中来提升个人探究能力仍存在认识上的误区，这严重阻碍了教师的专业发展，其根本原因可以归纳为以下三点：

第一，教师学科之间缺乏交流互补。受传统文化的影响，学校中部分教师还是习惯于各自为阵，把自己禁锢于学科的壁垒中，对他人的课堂和教学奉行"不干涉主义"，即使在学校组织的听课、评课中也只是表面敷衍，存在一定的心理防卫。这种保守单干、各自为阵的工作现状，对教师探究能力的形成和专业发展的提升，对学校组织文化的建设都是不利的。

第二，教师教学方式还显单一。虽然新课程改革已经全面推行好几年了，但较多教师还是偏重关注考试成绩，较多采用灌输式、传授式等教学方法，师生之间、生生之间的互动对话、研究性学习还是不多，虽然课堂中经常会组织合作讨论，但热闹的背后还是教师讲授教学占居上风。时间久了，教师就形成了固定的教学模式，一到课堂上就按部就班的进行教学，这样不但和学生缺少了交流，更显得不需要借鉴其他教师的教学方式。久而久之，教研组等团队组织就显得可有可无，最终教师之间的交流减少，培养教师的探究能力也就显得没有必要。

第三，教师的课程开发能力略显不足。新课程要求教师不仅是教学的实践研究者，还应是课程的开发者。虽然探究型课程在我校全面开展已有多年，但有些教师还是将课程与教学分离，认为自己的工作任务只是教学，对探究型课程的学习和开发即费时又费力。教师之所以会这样认为，是因为在教师的观念里对探究型课程的开发是一个人"单枪匹马"的事，和其他人的参与无关，这忽略了团队的力量。如何促使教师融入团队，在团队中进行课程开发，进而提升教师的探究能力，这是目前我校需要解决的一个重要问题。

鉴于以上三个不足，我校在实验项目过程中关注教师工作方式和思维方式的转变，大力倡导团队协作学习、团队反思创新，让单个的"我"转变为合作团队的"我们"，努力让教师从"教书匠""单干户"变为合作型、研究型的教师，使教师在团队学习研究中较快提升。

二、实施教师成长的整体规划

御桥小学在 2009 年被确定为浦东新区校本研修学校，2012

年被评为区"教师专业发展学校暨见习教师规范化培训基地"，几年来，学校始终将教师团队建设作为学校工作的重点，创导合作探究的校园文化，逐步形成了一支具有团队合作精神、善于教学反思、勇于课改创新的教师队伍。教师教育观念不断更新，教师学历不断提高，教师专业素养不断提升，这些内涵的发展，促进了教师的成长，也推动了学校快速而持续的发展，成为浦东新区优质学校，在年终绩效考评中连续四年获得优秀，这一成绩的取得，从根本上上说，是我们在学校发展过程中充分重视教师队伍建设的整体规划的结果。

教师成长是学校发展的关键。因此，在学校总规划的统领下，我们制定了师资队伍建设四年发展规划，明确了教师队伍建设的目标是建设一支师德高尚、结构合理、业务精良、团结互助的教师专业团队，并细化了达成目标的任务和举措。每学期的学校工作计划能根据总体规划制定并落实教师发展的目标要求，期末进行总结。学校也要求每位教师制定个人四年发展计划，能认真分析自我现状，从师德建设、育德能力、课堂教学、课程开发、教育科研、学习提高等方面制定切合自身实际的发展目标和具体实施措施。每一学年结束，教师对自己年度目标达成度进行自我评价，再由学校领导小组进行评价。2015年，四年规划到期后，每位教师对自己的规划进行了全面的总结和评价。

学校建立了完善的师资队伍建设管理网络，由校长室直接领导，教导处、德育室、科研室、师训部负责，教研组长具体落实，明确了校长为第一责任人，各处室为管理中心，教研组为主要阵地，全体教师在合作互动探究中快速成长。学校结合"教师绩效考核""师德考核"等各类评优制度，对教师个人专业发展有奖励评价措施,将教师参与活动计入研修学分和绩效考核。由此形成了分层管理、制度保障、明确任务、绩效奖惩的机制。

在对教师队伍建设进行整体规划的过程中,我们特别注重教师职业道德的建设。为了适应学校教育的新发展,全面弘扬学校教师的师德风范,全体教职员工在学校党政的带领下不断加强师德建设,涌现了一大批教书育人的优秀教师。学校通过并实施了《御桥小学关于加强和改进师德师风建设的若干规定》,开展"御桥小学教师教育服务承诺"活动,健全和完善了学校教师教育服务承诺制度,每学年全校教师都制订了针对"师生关系、课堂教学、教学成绩、家校关系和同事关系"五方面的切实可行的教育服务承诺,同时由学校党支部牵头和全体教师签订了教师师德承诺书,完善"践诺"的考核制度,纳入每学期的师德考核评价,通过领导评价、教师自评、家长测评等方式,多角度、多侧面、全方位地了解教师执行教育法规、遵守教师职业道德规范、履行服务等方面的情况,结合每年评选和表彰"心目中的好老师""校优秀园丁奖""校三八红旗手"等考核评优活动,使得全体教师学有榜样、做有规范。强化教师的诚信意识、责任意识,使兑现承诺的过程成为了教师健康成长和自我教育的过程,进而有效地提高教师的师德风范,重塑教师良好道德形象。

学校大力弘扬高尚师德,每学期组织开展教师专题师德征文和演讲比赛。先后举办了"校训相伴、乐教精业"优秀教师表彰会暨青年教师德演讲比赛、《论语与师德》、《今天我们怎样做老师》专家讲座、"我心中的梦"主题征文比赛、"中国梦教育梦我的梦"诗文朗诵比赛、"与爱同行"青年教师师德征文演讲比赛等师德专题学习活动。

三、强化教师发展的三种意识

近年，随着世界各国教育改革的日益深入，许多学者强调，必须关注、倾听教师的声音。教师发展，已从重视教师的各种知识与能力，转向关注教师内在自主性的生成，特别是专业意识的提升与自我觉醒。专业发展，不仅仅是各种客观、可见的物质实体，而且更是主观、内隐的精神世界。教师的意识觉醒，已被视为教育改革与教师专业发展的基本内容、甚至是关键要素、从哲学的角度看，意识是人的头脑对于客观物质世界的反映，也是感觉、思维等各种心理过程的总和，对于人的行为有着重要的指导价值。从教师专业发展的角度看，必须要强化教师的专业发展意识，才能让教师专业发展产生内在自觉和行为导向。

我们认为，在一个学校中，教师作为一个相互协作、相互影响的团队，其合作的成效将决定学校的发展的质量和方向。在实践层面，教师团队合作作为促进教师专业发展的一个有效途径，尤其是对教师探究能力的促进更为明显。

学校提出了"合作探究"作为培养教师探究能力的主要手段，并把其理解为：在团队合作中使教师自主学习以促使教师进行主动的知识探究的模式。教师的自主学习不是让每个教师各学各的，而是要在团队合作中激发全体教师探究兴趣，使每个教师都积极主动地去探索，并加强合作交流，促进教师的专业发展和探究能力的提升。

教师要凝成一股绳，需要在理念上达成共识。为了更好推动"合作探究"理念的推行，学校引导教师关注"三种意识"，即课程意识、平等意识和合作意识，把这"三种意识"看作是奠定团队合作，激发教师探究能力的基础，并让教师牢固树立这"三种意识"。

（一）课程意识

课程意识指教师对课程的敏感程度，它蕴涵着教师对课程理论的自我建构意识、课程资源的开发意识等几方面。[①] 但由于我国长期受前苏联教学模式的影响，在教师个人和团队中存在的是教学意识，这在我校教师中也是普遍存在的。而新课程理念要求我们：传统意义的教材不仅是课程的一部分，它更是教师与学生共同建构、共同创造、共同生成的过程。在这过程中，教师必须主动适应挑战，转变课程观念，从被动执行教材者的角色转变为参与课程探讨开发者的角色，把已有的教学意识融入到新树立的课程意识之中。在课堂教学实践中，既要重视教学内容的价值取向，又要尊重学生的体验感悟，尤其是要更注重对学生主动学习、探究学习能力的培养。为此，我校以培养教师的课程意识为突破口，来加强教师的团队合作，提升教师的合作探究能力。

（二）平等意识

平等意识是指人们在精神上相互理解，互相尊重，把对方当成和自己一样的人来看待、对于教师来说，树立平等意识包括教师之间的平等意识和师生之间的平等意识。根据以往的实践，我校发现在教研组讨论问题的时候，基本上就是一两个领导在发言，其他人处于"聆听"的角色。这种现象的出现不是一种偶然，而是教研组的领导没有树立起组员平等参与的意识，而组员对团队的合作也处于"冷漠"的状态。如何打破这种非均衡的状态，我们在实践中提出了"人人平等参与"的理念，促使每个教师在团体中都有自己的发言权，真正的和其他老师进行探讨教学

---

① 田文华，潘光花. 课程意识：一个亟待解决的问题[J]. 中国成人教育，2003(10).

中所遇到的问题。同时,《基础教育课程改革纲要(试行)》指出："教师应尊重学生的人格,关注个体差异,满足不同学生的学习需要,创设能引导学生主动参与的教育环境,激发学生的学习积极性,培养学生掌握和运用知识的态度和能力,使每个学生都能得到充分的发展。"这就要求在新课程改革中也要树立起师生平等意识,打破"师为上,生为下;师为主,生为仆;师为尊,生为卑"的旧有传统。为此,教师要改变一贯的角色定位,改变原有的权威式角色和灌输式角色,建立民主、平等的师生关系,抛弃传统的传授知识的观念,转而成为学生思维的激励者和学生探究学习的合作者。教师在和学生的探究合作中不但帮助了学生的发展,也为进一步发展自己的探究能力提供了一个平台。

（三）合作意识

合作意识是指个体对共同行动及其行为规则的认知与情感,是合作行为产生的一个基本前提和重要基础,[①]人的合作意识是随着人整个心理和行为活动能力的增强而逐渐发展的。现代社会是一个要求广泛合作的时代,那种"鸡犬之声相闻,老死不相往来"的时代已一去不复返了。正如《第五项修炼》一书中提出了使组织迈向学习型组织的五项技术,其中重要的一项就是"团队合作学习"。新课程要求教师必须改变单干的形式,通过共同参与完成任务、体验过程、责任共担,提倡团结、合作的师师关系,倡导同伴间的合作互助。教师必须开放自己,接纳别人,共享同伴经验,这样的教师团队不仅有助于教育教学质量的提升,而且能促进教师群体专业的成长,形成"互看、互助、互议、互评"的组织文化。

---

① 贺明华.影响中小学生小组合作学习的因素浅探[J].中小学教师培训,2004(3).

因为有了三种意识的保障，教师发展中的互助合作成为教师共同认可的价值追求。这是一个常见的事例——"伙伴们，有个问题请教一下！"一年级的语文老师王老师批作业时遇到了问题，办公室其余几个老师停下手中的笔，倾听着王老师的疑问："你们说海带是属于蔬菜吗？"这正是学生刚做完的练习卷上的一道题目。老师们议论纷纷："蔬菜应该是地里的吧！""海带应该是属于海产品，是藻类植物。""我们以前都批错的呀，一般地里的才属于蔬菜。"……备课组长黄老师沉思了一会儿，提议说："以前信息不发达，批作业都是凭主观经验。现在不同了，孩子们的信息量都比较大，学得东西多了，我们要严谨一点。"大家认为组长说得挺有道理，于是分头去查找有关资料。不多时，老师们有了新发现——蔬菜共有三类：地里的；菌类的，还有藻类的，所以说海带也属于蔬菜。老师们唏嘘不已，幸亏王老师提出了这个看似很简单的问题，幸亏备课组长的提醒大家一起查了一下，否则几个老师极有可能按惯例给学生作业打上个大大的叉，还会武断地说："长在地里的才是蔬菜"。

像上面这样的即时教研几乎每天都有，很多老师在批作业、备课时经常会提出一些疑问来讨论交流。一个个教学中的问题在不经意中就解决了，既节省了时间，又提高了效率。

四、建构团队合作的三大载体

学校结合"三种意识"的理念，在实践层面大力弘扬以教师为本的思想，依托教学、教研、课程开发这三大载体，营造氛围，创造条件，搭建平台，全方位渗透"合作探究"的思想，鼓励教师研究教材，研究课堂，研究课程，在团队协作、探究学习中建立正确、科学、高效的工作方式，从而提高了教师的专业素养，促进了教师的专业发展,无形中建立起了良好的组织文化,最终在实践中升华了教师的探究能力。

其一,聚焦课堂教学,改变教师教学方式。课堂是渗透"合作探究"内涵的主阵地。学校克服两个校区带来管理的不便,常态开展"课堂重建""教学开放""课程开发"等教学实践研究,以团队学习的方式联合行动,彼此分享教学技能和专长,在相互鼓励探讨、反思创新中共同进步。在学校看来,教师个人成长、自我价值的实现都必须在课堂上得以实现。为改变讲授式占主体地位的课堂教学模式,学校提出课堂教学的"四重建":目标重建、主体重建、方法重建、评价重建。

以下是我校教师在团队合作中成长的案例:

"悬疑"的课堂

1月21日,寒冷的北风正肆无忌惮地在校园里刮着。而学校的阶梯教室里却暖意浓浓,此刻教室里正传出一段舒缓优美的音乐,台下的40多个学生正目不转睛地注视着大屏幕上一个个色彩鲜艳的画面,倾听着台上的一位青年教师动听悦耳的朗读声。这位教师就是在学校合作探究课堂比赛中脱颖而出的青年教师夏叶青老师,此时她正带领着学生沉浸在四年级语文课《鸟的天堂》所创设的情境中,全校70多位教师也被深深地感染着……

无论是画面、录像、音乐、提问的设计还是以画入板书的创新,夏老师都将它们结合得恰到好处。课堂中,夏老师富有启发式的提问:"这是一株怎样的大榕树呢?""从远处看,就像一株大树卧在水面上。——我们学校也有很多大树,能说它是卧在水面上吗?""鸟的天堂里真没一只鸟吗?"……这些看似简单的话语,却深深激发起学生们探究大榕树、探究课文的兴趣。不经意间,学生已融入了课文之中。夏老师利用有限的文字调动起学生无限的想象:"鸟的天堂里除了画眉鸟,还有哪些鸟呢?请看——"(数十种从未见过的群鸟图一幅幅飞进了课堂的大屏幕中,学生之间顿时发出了阵阵惊叹声……)"想象一下它们在干什么呢?"(学生顿时活跃了起来:它们正准备展翅高飞;它们在搭建鸟窝;它们在站岗值勤;它们在……)

夏老师能将一篇老课文进行全新的设计,让人耳目一新。她深入钻研课文,不仅研究教材,还研究学生。在她的课中,我们完全体会到了什么叫功在课前,情在课中,思在课后。在她的课中,我们更是听到了学生们发自内心的声音,看到了师生之间时时流露出来的默契与和谐,感受到师生之间迸发出的思维和火花。

其二,聚焦校本教研,强化合作探究。即时教研,互助共赢。学校每个年级都设有学科备课组长,他们都是学科的骨干,在组室中既有一定的威信,又能引领专业。学校要求教师在备课组长的带领下,每周至少开展不少于3次的办公室即时教研。每当教师在教学中碰到困惑时,备课组长马上召集组员,就课堂中的疑难问题开展探讨,就教学中的成功与困惑之处进行分析,就班中特殊孩子的教育问题进行商议。

"开放"问题,"引进"建议

"叮铃铃——"第一节课下课的铃声准时在走廊里响起,一年级组长陈慧敏老师刚踏进办公室,里面就传出了期待的声音:"组长,快说说今天的新课你怎么上的?""是啊,这个字宝宝该怎么教才能让孩子记住,你用的是什么方法?"……这是一年级组早已司空见惯的场面了,可以说她们组是全校出了名的和谐好学的备课组。组长陈慧敏热情,组员范莉丽钻研;曹慧敏好学;蔡秀梅则是刚从幼儿园转岗任教语文未满2年的"新"教师。

　　这个办公室研讨氛围特别浓，研讨已经成了她们的一种必不可少的工作习惯：小到一个字的写法、读音的讨论，大到对孩子教育方法、和家长之间交流的讨论。她们经常说"三个小皮匠，顶一个诸葛亮"。她们都坚信"闭门造车""单打独干"既不利于提高业务，也不利于相互团结。

　　有一次，范老师邀请办公室其他三位老师听她上《王冕学画》，课刚结束，她马上就和大伙儿讨论她的课堂中遇到的问题："孩子们好像不太感兴趣，整堂课死气沉沉的，不知道问题出在哪里？"教了二十多年幼儿园的蔡老师最擅长简笔画和剪纸，她给范老师提了个建议，能不能将板画和剪纸加入教学中，这样也许能激发孩子们的积极性，集中他们的注意力。其他几位老师听了频频点头，纷纷表示值得一试。范老师主动提出借班再上一节课，看看效果如何。结果这个方法非常有效，组内其他教师纷纷效仿。

　　由于大家无私的付出，彼此开放，心与心之间的距离越来越近了，团队的凝聚力也不断增强。在一起共事的两年时间里，她们承担了学校和新区的十多节公开课和评比课，写下论文几十篇，制作课件 10 多个，连续 2 年被评为三星级文明组室。

海带的"身份"

　　"伙伴们，有个问题请教一下！"一年级的语文老师王老师批作业时遇到了问题。办公室里其余几个老师停下手中的笔，倾听着王老师的疑问："你们说海带是属于蔬菜吗？"这正是学生刚做完的练习卷上的一道题目。老师们议论纷纷："蔬菜应该是地里的吧！""海带应该是属于海产品，是藻类植物。""我们以前都批错的呀，一般地里的才属于蔬菜。"……备课组长黄老师沉思了一会儿，提议说："以前信息不发达，批作业都是凭主观经验。

现在不同了,孩子们的信息量都比较大,学得东西多了,我们要严谨一点。"大家认为组长说得挺有道理,于是分头去查找有关资料。不多时,老师们有了新发现——蔬菜共有三类:地里的;菌类的,还有藻类的,所以说海带也属于蔬菜。老师们唏嘘不已,幸亏王老师提出了这个看似很简单的问题,幸亏备课组长让大家一起查了一下,否则我们几个老师极有可能按旧经验给学生打上个大大的叉,还会武断地说:"长在地里的才是蔬菜!"

五、设计集体成长的四种路径

"三种意识"是在教师中树立起良好的探究理念,"三种载体"为教师进行探究提供了平台,而以教师团队合作为基点,把教师专业发展放在本位,探索形成的四种合作的方法,则找到了路径。

(一)学习引领,掌握合作技巧

学习化社会要求教师在教育教学实践中始终保持一种持续的专业学习理念和精神,成为终身学习和不断自我更新的人,同时教师学习也是教育改革、教师专业发展和培养学生学习能力的必然要求。学校紧紧依托课题项目,再次组织老师研读《第五项修炼》中的《团体学习》。组织教师个体学习并做好笔记摘录,然后在年级组开展交流,评选出优秀的读书心得发布在校园网上供大家学习,最后由组建校级宣讲团,在全教会上阐述团队学习的精辟理论。很多教师在网上留言:"重读五项修炼,厚厚的书不再苦涩,难懂的理论不再深奥,你有一种思想,我有一种思想,交换我们的思想,让我们无比富有!"

以下是我校教师开展团队互助的案例:

"第六项修炼"

一回到办公室,老师们就会习惯性地朝电脑上看一下,只见一台台电脑上方一个个跳动的"new"非常醒目,轻轻点击桌面上的滚动条,只见教导处又有一条新任务布置下来了。顿时,办公室里传来一声声叹息:"什么叫《第五项修炼》啊? 做老师的有必要学这个吗?""听说这本书很红的,都是一些企业和公司的管理层在学习,我们是教小朋友的,怎么也要学这个啊!""唉,工作这么忙还要学习这个,哪有时间啊!"……一时间,老师们议论纷纷,如果学点心理学或教育学什么的还能理解,但是学《第五项修炼》对工作我们有什么帮助呢? 在校领导的组织下,我们满肚子疑惑地开始仔细阅读有关章节和内容。渐渐的,大家发现这的确是一本难得的好书。它解答了我们工作中的很多疑虑,全面阐述了"团队学习"的重要性。《第五项修炼》对我们这个正在发展中的学校和急于提升自己的老师们而言真像下了场及时雨。不多久,一篇篇老师们亲手写下的肺腑感受连续在滚动条上出现:

陆靓老师在读到《1＋1＞2》这个章节中体会到:通过学习,我明白了团队中的成员互相学习、取长补短、相互配合、共同提高是成功的关键,团队学习不仅可以使团队中的成员成长得更快,还可以使团队整体的绩效大幅提升。"完美的个体"是不存在的,但建设一支"完美的团队"却是完全可能的。

夏叶青老师读到《不再与时间为敌》让她深有感触:我们可以看到很多成功的老师,她们不仅能出色完成教学任务而且还能胜任很多教学以外的工作。因为她们将反思作为了一种时时刻刻在身边的习惯,时间不再是她们反思中的敌人,她们永远有时间在反思。

顾国一老师读到《整体不搭配团体的分析图》：在团队学习中，如果个人过多以自我为中心，不愿意倾听别人的构思，不能换位思考他人的职位和立场。这就是团体学习中个人的智商很高，而团队的智商很低的原因。学习大雁精神，吸收大雁团队的智慧，团队成员之间相互信赖、协作和共同进步，营造和谐的团队氛围，是打造高效团队的有效方法。

心里的矛盾通过学习豁然开朗，心中的不满也因学习中的顿悟而消散。老师们的头脑清晰了，对自己的工作也重新反思了一番，也逐渐明白了很多道理：有效率的工作不是只像老黄牛一样埋头苦干，要学会同事间优势互补；工作中一定要学会边反思边做，这样创新的萌芽也能在忙碌中催生；单打独干的完美个体是不存在的，只有团队互助，讲究整体精神才是我们要走的路。

（二）改善心智，实现思维突破

心智模式概念最早是由英格兰心理学家肯尼思·克雷克（Kenneth Craik）在1943年提出的，他认为心智将现实建构成"小型的模式"，并用它来对事件进行预测、归因以及作出解释、心智模式的概念被提出来以后，很多研究领域都表现出了对它的兴趣，并且在定义和结构上做了不少有意义的探索，但直到麻省理工史隆学院的彼得·圣吉（(Peter Senge)《第五项修炼》的问世，心智模式的概念才真正赢得了更多的关注，并且被切实运用到实际的管理中。所谓心智模式，就是人们内心深处看问题的心理图式或心理模式，它对客观外界反映到人脑中的种种现象起着整理加工的作用。人的心智模式是一个系统，它既包含着做事的依据，也包含着做人的依据，对于学校教师队伍建设而言，如何让这样一个群体更有向心力和战斗力，必须改善教师固有的心智模式。学校选择每周一的跨学科教研,在相互的磨课中磨人,教师逐渐改变原有心智模式,凡事不先找客观原因,直面困惑和尴尬,老师们也逐渐明白了:只有和盘托出,如实陈述,面向自己"照镜子",反思自己的优缺长短,才能实现思维的转变;只有在"深度汇谈"中真心倾听别人的意见,欣赏同伴的才能,才能实现个人思维的突破。

以下为我校教师的案例:

"量体裁衣"

几年来,课堂教学中实施合作学习,提升学生合作素养一直是我校课堂教学改革的一个重要主题,但在实施过程中却不断遭遇难题。在三年级数学课上的小组合作学习活动中,A 组的三名'顾客'抢着'购物','营业员'大声喝斥也不奏效,B 组学生忙于争着要当组长,闹得不可开交,C 组两名学生站在一旁不动,而另两名学生却正嬉笑着,说想买肯德基吃……类似情境在很多课堂上都存在。学生小组合作学习表面上轰轰烈烈,热热闹闹,其实学生们不会商量,不会分工,缺少良好的互动与互助。学生小组活动时没有明确的程序,失败后相互指责埋怨,合作学习的效果当然也就不尽人意。如何解决这一问题,成为我们研究路上的一只"拦路虎",如何搬掉这只"虎"也就成为我们无数次教学研讨的主题。

"学生年龄小,基本的合作技能也没有,谁教过他们如何倾听、如何协调、如何分工必然会出现嘈杂无序现象,责任在我们老师,我们常'一声令下'宣布任务,而没有给孩子们提供登上有效合作学习云天的阶梯!"心直口快的陈老师语言犀利,激起了大家的共鸣。的确,一定的合作意识、合作情感和合作技能是进行有效合作学习必备的条件之一,没有这些,"手无寸铁"的学生是很难开展真正的合作学习活动。

"可是学科教学毕竟承载了诸多学科知识和能力目标,短短35分钟不允许我们花较多时间和精力去详细点拨和指导孩子们如何开展合作学习呀!""钟情"于合作,却备受困惑的黄老师焦急地说。

"那我们能否专门开设培养小学生合作技能的课程呢?"一句话为我们的合作体验学习校本课程的诞生拉开了惟幕。对呀,我们可以改变思维模式,通过有针对性的课程开发,帮助学生习得基本的合作技能,进而鼓励孩子们把学到的合作技能运用到学科学习中和各项探究活动中加以巩固和磨练,岂不两全其美!

经过一次次深入讨论,大家进一步形成共识,根据小学生的年龄以及合作素养本身的特点,这门课程的实施不应像以往的教学那样,向学生讲解有关合作的相关知识和技能,而是应该更多地创设一定的体验环境,帮助学生在合作活动中体验并反思合作的重要性,进而认同并习得合作技能,拥有积极的合作情感等,因此,它应是一门学生"合作体验学习课"。

(三)开放交流,彰显团队合力

热情的激发和价值的实现是每个教师专业成长过程中所追求期盼的。学校经常举行各级各类的教学展示活动,不仅让登台亮相的教师有追求成功的信念,更希望通过展示活动彰显学校的凝聚力,期待在潜移默化中悄然形成学校合作探究的学校文化。每学期,学校都会邀请家长来校参加"半日开放活动",这项活动由年级组团队统筹安排,合作分工,充分展示年级组教师的聪明才智。学校每年还组织市级、区级教学展示活动,如"合作课堂开放活动""教师十大能力展示交流活动""探究型课程特色展示""教学创新展示交流会"等大型开放交流活动,而每一次活动都由教研组团队、科研室团队、班主任团队等共同承担。2年来,学校受区教发院邀请,语、数、英、体育、科技等学科都在全区作教学展示,学校探究型课程教研组多次接待来自澳门、江苏、云南等教育代表团。各团队纷纷推荐渴望成功的中青年教师登台亮相,让他们展现教学风采,而一人亮相的背后却体现着御小整个教师团队的活力,彰显着无坚不摧的团队力量。教师个体沐浴在精诚合作的开放交流活动中,合作共赢成为教师们的自觉行为,成为每个团队的工作习惯,合作探究的学校文化逐渐成为学校主流文化,教师们自觉地把它移植到自己课堂,与学生成为学习共同体,师生双方相互交流、相互启发、相互补充,分享彼此间的思考、经验和知识,交流彼此间的情感、体验和观念,从而实现教学相长和共同发展。

以下是我校教师在"开放交流,团队合作"实践中的案例:

"摸着石头过河"

1月16日下午1点,在一个200多人的会议厅里,一个激动的声音响起:"好!"紧接着,一阵雷鸣般的掌声在诺大的空间里回荡不息。这声音正是著名的华师大张华教授给予我们的最高评价。此刻,他正带领他的博士硕士团协同教育局的相关领导正在召开八校校际研讨会,他说:"我听了真激动,一颗小小的牙齿、一根小小的香蕉居然也能做成课题。这给我们带来了很大的启发。御桥小学的这种刻苦钻研,团结合作的精神值得我们学习啊!"话音刚落,两位代表学校汇报课题的老师激动得热泪盈眶,台下的同伴们听了激动得互相握手、拥抱。这番话不仅给予了她们莫大的鼓励,更是对我们全体御桥小学的这支强有力的团队所付出努力的肯定,从此也更加坚定了"合作探究才能成功"的信念。回想起当初的迷茫和失败,我们进行了一次又一次的否定、重来、再否定、再重来的研究,在这段坎坷的探究路上,我们全体教师最终克服种种困难,相扶相持,渐渐摸索出了适合我们校情的探究之路。这次交流汇报能得到专家的肯定,也更加深了我们对"合作"这两个字更深的感悟,这段踏着挫折走来的路程何尝不是我们老师的探究课题呢?

(四)开发潜能,强化优势互补

关注人的发展,促使人的潜能向显能发生转化,使人的能力充分发挥出来,是教师潜能开发的主要目的,也是学校优化教师队伍建设的重要举措。所谓教师潜能开发,是指以学校发展为目标,以教师的教育教学实践活动为基础,以其自我价值实现为归宿,通过多种途径,采取多种方式,使教师认识自身价值,努力发展与优化自身的教育教学和实践操作能力,从而实现个人与学校的可持续发展。在我校看来,开发每一位教师的潜能,挖掘蕴含于教师个体的能量,注重教师间的优势互补,这也是我校近年所采取的一个措施。目前学校的两个校区,在行政班子人员不增加的情况下进行科学组合、合理安排,既有外露型的指挥者、内秀型的操作者,还有实干型的组织者、创新型的协调者,使两个校区的教育教学管理做到异质互补、配合默契。为了有效地开发教师的潜能,学校还特别关注教师个体间性别、年龄、性格、气质、能力等方面的素质,尊重教师的个性和差异。如,每学年在年级组人员安排、正副班主任搭配、班级教师组合、重大活动组织等方面,特别关注教师团队的合作分工和优势互补。我们尝试"性格互补法""擅长协调法""考核捆绑法"等方法,增强教师团队合作的意识。如"性格互补法"就是针对正副班主任进行合理配备,使他们发挥各自的人格魅力,如"严谨"配"幽默",

"大气"配"尽心","谨慎"配"锐气","老成"配"活泼",性格互补不仅使正副班主任成为一个和谐、多彩团队的领军人物,还能让他们更全面地关注不同的学生,让不同个性的学生得到健康发展。

六、满足教师需求的分层培养

20 世纪 50 年代以来,随着国际学术界对教师生涯阶段问题认识的深入,国内学者也愈发开始关注这一问题,并取得了比较丰硕的成果。就当前国内研究文献而言,在探寻标准上,主要包含"生命周期"标准、"专业成熟"标准"自我发展"标准及综合上述标准后建构的取向。但是不论怎样的标准取向,都承认了一个基本事实,那就是教师的职业成长是分阶段的,并且每一个阶段的教师有着不同的专业发展需要,如积累实践经验、增长实践智慧是新手型教师的主要专业需求;克服职业"高原现象"是熟手型教师的主要专业需求;科研为途径,实现自主发展是专家型教师的主要专业需求。[①] 根据这样的现实情况,学校在加强教师队伍建设的过程中,应该根据不同年龄、不同发展阶段的教师进行针对性的设计,而御桥小学正是通过这样的针对性设计提升了教师培养的针对性,满足了不同生涯阶段教师的独特成长需要。

第 1 年见习期教师,学校邀请教研员定期为他们集中培训、个别辅导,还为每位新教师在本年级组安排一名经验丰富的师傅,通过及时的传帮带增其信心,促其发展。同时,学校特意安排二到三名新教师在一个备课组内,鼓励他们相互学习、研讨,

---

① 李剑.不同职业生涯阶段教师的专业发展[J].教育理论与实践,2009(9).

取长补短、良性竞争。

第2—5年年轻教师，由于学校的发展较快，故青年教师的比例逐年上升，在我校占据了很大的比重。学校继续为他们安排师徒带教，继续邀请教研员对其进行指导和培训。同时，学校努力为他们创造展现自我的平台，通过各类基本功竞赛、展示、研讨活动等促进新生力量的迅速成长。每年，学校该类教师除做到100%执教组内研讨课外，同时搭建平台，让他们在区、署及更高的平台上亮相。

第6—10年发展期青年教师，学校除了继续对他们开展各类培训外，对他们采取给任务、压担子的方法，努力为他们创造走出校门，在教育署、新区展示、亮相的机会，充分张扬其个性，展现其才华。以激励的方式促进其深入学习理论知识，研究学法、教法，承担科研课题，积极培养创新意识和教育科研意识，激发其内需力，成为学校甚至区、署骨干，为年龄小于他们的青年教师树立良好的榜样。

第11—20年成熟期中年教师，他们很多已经在教学、工会、科研等条线担任一定的职务，成为中坚力量，学校努力为他们创造契机，促进他们与校内外的学习交流。同时，学校进一步给他们压担子，让其中发展比较好的教师担任新教师的师傅，通过师徒结对，激发其完善自我。

第21年以上倦怠期中老年教师，这些教师基本上出现了两极分化的现象，有的老师充满了工作的激情，但也有的老师已经处于倦怠期，健康的烦恼也较前增多，学校理解、关心的情感天平稍作倾斜。学校通过谈心、给其安排徒弟等方式，促进其进一步挖掘自己的潜能，积极投入岗位工作。

【本章启示】

发挥教师发展"抱团取暖"的集体威力

教育的均衡优质发展,光靠几个教师已难以为继。因此,把工作重心转到每一个教师身上,实现教师的团队发展、群体提升,就是一项基础工程。

诚然,教师群体也是因人而异的,差异性永远普遍存在。但是,这种差异性在正确引导下,在良好的氛围中,也能成为教育的财富。学校提出的合作探究文化,就是强调在教师中形成取长补短、共同提高的团队文化。

学校作为一个由教师和学生组成的集体,其中就包括了教师以各种形式形成的各种团体,如备课组、教研组和师生共同体等。在每个教师参与的团队中,其隐形存在的组织文化会对教师成员的专业发展产生极其深刻的影响,包括教师的价值观念和行为规范。而在现代学校管理中,团队合作是十分重要的问题。团队作为一个合作组织,它的健康运转有赖于个体的良好协作、部门的协调配合,其背后隐藏的便是看不见的手:团队合作文化。

要让看不见的手变成看得见的能量,团队合作文化便是转换器。

第六章　家校共育——凝聚学生成长的合作力量

　　现代教育是一个日渐完善丰满的系统,要实现学生的成长与发展,必须形成不同教育主体、教育资源、教育元素的合力,在这一过程中,家庭与学校的合作共育始终是教育变革和学校发展的热点。在教育改革的进程中,随着倡议家校协作的呼声日高,国内外关于家校关系的研究明显增加,家校关系亦成为各国学者的研究焦点之一。例如 20 世纪 90 年代,学者爱普斯坦(Epstein)提出六种家长协作模式,视家长为学校办学资源之一,主张增加家校合作。其主张受到国内外不少学者所支持,提倡增加家校合作,借家长之力提升办学效能。然而,汇聚家庭学校的合力来促进学生的成长并非一个简单的工作,由于家庭和学校对彼此角色与决策的认知有所不同,因此,家校合作中的冲突现象时有发生。下文是笔者在网络上看到的一篇博文,集中反映了家校合作不当导致的对立情绪:

现在的教育是逼着家长辞职回家

　　我是一个三年级小学生的妈妈。在孩子度过了不适期后,我欣喜地发现,现在的学校与自己上学时已经完全不同了:孩子们写生字,很少再抄十遍二十遍了;寒暑假作业也只需学生上交结合学过的知识手绘的"小报"了。但是,随着欣喜越来越多,我的烦恼也随之增多。我发现,那些让我欣喜的改变必须建立在我越俎代庖、全身心帮助孩子上面。相比之下我要操的心比我父母多了几十倍。

一次,学校组织孩子们去海洋馆,回来之后让每人画一幅"海底世界"。整个晚上,孩子用画笔画出了自己心中和眼中的"海底世界":蓝蓝的大海和几条小鱼,由于大海的颜色太蓝了,使得小鱼有些面目不清。第二天放学,女儿见到我就撅起了嘴:"你为什么不帮我? 好多同学的作业就是爸爸妈妈给画的,有的同学是爸爸妈妈在网上找到图片然后打印出来的,都特别漂亮。"

"同学的爸爸妈妈那么做不对,老师的作业是留给小朋友,就应该由小朋友亲自来完成,爸妈可以帮忙,但是不能完全由爸妈做呀!"我耐心地对女儿说。

"可是,他们的作业都贴墙上了,我的被老师还回来了。"女儿小声说。我愕然!

难道老师这份作业的重点不是让孩子享受"画"的这个过程吗? 对于一个不足 10 岁的孩子,学会"用画笔记录下看到的""用画笔还原出脑子中想到的"不是教育的重点吗?

作业说是布置给孩子的,其实是留给家长的,后来我发现,不重过程只重结果的事挺普遍的。

这学期刚开学的时候,老师让每个同学都交一份记录假期生活的"小报"。第二天刚上班,我接到了老师的电话,"XX 妈妈,麻烦您把孩子假期里的活动做成 PPT,分成几个系列,一个是参观博物馆系列,一个是春节民俗系列,一个是运动系列……"

PPT 菜鸟的我吭哧吭哧用了一下午的时间做出了 3 个 PPT。老师怎么也不问问我会不会? 那些必须坐班的家长该怎么办？大家都上班时间干这个？我一下午满脑子都是疑问。

第二天女儿告诉我，我给她做的 PPT 连同另外两个家长做的一起作为他们班优秀寒假作业交到了学校。

听了这个消息我的脑袋"轰"的一下：我一直觉得教育的原则首先是教会孩子做一个诚实、正直的人，我也一直觉得教育的过程比结果更重要。但是，学校虽然已经改变了以前那种刻板的教育方式，但是功利的毛病没有改，学校看重的还是分数，只是现在这个分数的表现形式不一样了。更可怕的是，学校传达给学生的是为了得到想要的结果，可以使用各种手段！

而我正是那个助了一臂之力的人！

现在各路专家、各种媒体都在教育家长："隔代教育问题多""好妈妈胜过好老师""陪伴是对孩子最好的教育"……既然这些是对的、好的，为什么我们这样选择时却总是狼狈不堪呢？

一直以来我都选择夫妻两人亲自养育孩子，这是我理性分析的结果：我和丈夫的工作时间相对比较自由，再加上我在师范院校学习了 7 年，主攻教育学、心理学。从孩子出生那天起，我就觉得自己属于攥着"金刚钻"的人。相对自由的时间加上比较专业的教育修养，我相信自己一定能在职场和家庭之间游刃有余，也相信自己能成功扮演好职业女性和妈妈两个角色。那时候，我心里是把妈妈分成两个阵营的：一类是职场妈妈，一类是全职妈妈。无疑，我自己是属于第一阵营的。每当见到全职妈妈时，虽然嘴里会说很羡慕她们自由没压力的生活，但是内心里从来觉得自己跟她们完全是两种人。

但是自从孩子上了小学以后，我的这种自信在孩子领回来的一项项任务、日复一日的接送中慢慢支离破碎了。我真的能在职场和家庭间游刃有余吗？每当自己硬着头皮度过一关时，又在心里打鼓,我一定要这样迎合吗? 每当这样纠结的时候我便打心眼里生出对另一阵营的羡慕之情。①

毫无疑问,家庭与学校是学生最主要的两个生活世界,学生的健康成长不仅需要发挥家庭和学校各自的独特影响,还需要实现这两个生活世界的沟通与协调。但是,从上述故事可以看出,尽管在当今教育理论和实践研究领域,对家校合作重要性的认识已经达成共识,但要使合作落到实处、产生实效,还迫切需要学校管理理念、制度、平台的创新,以切实促进家校合作,提升家校共育的有效性。

第一节　家校共育的时代必然性

学校和家庭是社会中的两个基本单元,二者发生联系的基础是它们都承担着一个共同的使命——教育青少年。家校合作理念的生成,就实践层面而言,是二者关系从低级向高级发展的必然结果;就理论层面来讲,是社会试图探求一条家庭教育和学校教育两大社会机构,为实现共同的社会目标而实施全方位优势整合的可行之路。实现家校合作有其必然性,这种必然性源于家庭和学校两个方面的独特教育优势。家庭教育和学校教育各具不同的教育优势,它们的合作将会提升教育的效率。家校合作是寻求家庭教育和学校教育之教育效应的优势互补,通过有机合理的整合,为受教育者提供一个更系统、更有效、更具信息量和针对性的教育环境。这一环境对涉及家校合作的所有人员都将发生作用,具有多个方面的价值与意义。

---

① 搜狐教育.现在的教育是逼着家长辞职回家! [EB/OL]. http://www.sohu.com/a/231979986_107922,2018－05－17,2018－05－24.

一、有利于家庭教育功能的增强

家校合作共育能够引领家庭，提高父母的教育水平，形成融洽的人际关系和良好的家庭风气，促进新型家庭、家教和家风建设。首先，教育目标的一致性有利于家庭和谐氛围的营造。在中国的家庭中，孩子的教育问题历来是家庭关注的焦点。家校合作共育过程中，学校通过各种形式向家庭传递科学的教育观念和教育方式，帮助家庭成员在教育问题上形成一致的教育目标，有效避免家庭成员因为教育问题而产生矛盾。其次，共同成长能够为家庭建设提供有力保障。在教育上，父母不作为或胡作为都会导致孩子的成长障碍。家校合作共育不断推动父母的学习和自我成长，不仅会有效避免由于自身错误的教育行为对孩子的伤害，也会形成尊重、理解、文明、友善的家风，带动家庭建设朝着健康方向发展。再次，抚育孩子的过程，促进父母再次成长。教育孩子，是父母对自身成长历程的一种折射和反思。如果父母能够用心梳理自己孩童时的经历，不仅有助于发现自己孩子的教育问题，还能借回顾和反思化解自己成长中出现的问题，从而实现精神生命的第二次发育、再次成长。

二、有利于现代学校制度的建立

家校合作是现代学校制度建设的重要组成部分，也是现代学校教育治理体系的重要组成部分。首先，家校合作共育凸显办学的多元主体，拓展教育教学资源。学生父母和社区干部群众的知识、经验和专长可有效弥补学校教育资源的不足，社区的各种公共文化机构和名胜古迹等资源可直接丰富学生的课堂教学资源。在家校合作共育的过程中，学校可充分利用家庭和社区的教育资源优化、完善学校内外的教育环境,使学生接受的教育更丰富更完整;社区和父母对学校的要求也是学校教育不断优化的一种动力。其次,家校合作共育强化学校的自我管理,提升教育教学质量。《国家教育改革和发展规划纲要(2010—2020年)》中提出要建众现代学校制度,其基本内容就是"依法办学、自主管理、民主监督、社会参与",就是要吸引家庭和社会力量对学校管理和运行的有效参与,提高学校管理科学化的水平。父母和社区参与学校管理事务,可及时、准确、完整地沟通信息,提高父母和社区对学校与教育的满意度,三方聚合成强大的教育正能量。

三、有利于相关参与者的共同成长

社会化不仅是儿童的任务,成年人其实也面临着一个再社会化或者继续社会化的问题,家校合作共育给父母们提供了一个重要的学习机会和成长平台。首先,对于父母,由于其来自各行各业,他们在分享教育子女的意义和经验的同时,也可交流其他方面的信息,在广交朋友的过程中学习别人的长处,为自己的生活开辟更广阔的道路。其次,对于教师,家校合作共育使其更加全面、客观地认识学生,学习与别人交际的能力,推动合作向更好的方向发展。另外,对于社区各种相关人员,家校合作共育也是其学习与成长的过程。家校合作共育中聘请一些校外的、非父母的志愿工作者,担任联络人、指导员或校外辅导员等角色,学校对其培训,由他们对父母提供儿童教育指导。他们从父母处得到的信息又可反馈给学校,为学校进一步决策提供依据。家校合作还会涉及政府机关、专业社会组织、社区服务机构等的支持与协调,这也是一种相互学习、共同受益的过程。在教育孩子的过程中与孩子共同成长,是家校合作共育的特点,也是最理想的境界。

四、有利于社会和谐和生活幸福

美国社会学家 W·古德说过,在所有已知的人类社会之中,几乎每一个人都卷入了家庭的权利和义务的网络之中。人类社会的基本关系是家庭关系。家庭在儿童社会化的过程中起着重要作用。家庭中的夫妇关系、亲子关系、同胞关系往往是社会上各种人际关系的折射。如果儿童能够比较顺利地习得处理家庭关系的艺术,未来他就能够比较好地适应社会生活,与领导、同事、朋友和睦相处。对于中国的许多家庭来说,教育意味着未来。父母参与子女的学校教育本是其权利、义务与责任,参与过程是父母树众权利意识和责任意识的过程。在家校合作共育过程中,通过沟通、协商、妥协解决冲突的过程本身就是民主的过程。民主与法制意识的启蒙与觉醒,有助于父母积极地投入社会政治生活,从而促进社会的进步。家庭、学校、社会以孩子为纽带,通过合作共育紧密地联系在一起,就能够为构建和谐社会、过一种幸福完整的教育生活奠定坚实的基础、

总而言之,强有力的合力是共同体助推学生发展的关键,正如有的学者所言,就学生而言,家校合作沟通了学生在家和在校的两个生活世界,实现的是教育在时空上的衔接与拓展;就家长与教师而言,亲师交往中的摩擦与磨合推动了教育观念和方法的更新,双方作为教育者的反思与自觉得以提升,为其在各自的社会角色上趋向自我完善创造条件;就学校而言,互动过程中暴露出的一些深层矛盾和解决矛盾的愿望,可成为中微观层面变革的动力;就社会而言,学校对家庭的指导能帮助弱势群体更好

的为孩子成长提供有效的支持,一定程度上阻断贫穷的代际传递,起到促进教育公平和社会和谐的作用。同时,从国际基础教育改革的趋势看,各国在教育变革的过程中都普遍重视家校合作,已经探索形成了很多有借鉴价值的经验。

就当前中国基础教育改革的实际情况看,目前我国国内的家校合作研究已经起步,并且成为学校教育研究与实践的重要关注领域,但是相比较于课程、教学等领域的研究,家校合作研究显然受到的重视程度远远不够,这也导致了目前国内家校合作研究与实践中的两大突出问题:第一,基础理论研究薄弱。国内的理论研究和实践项目都缺乏系统规划,没有形成有我国特色的家校合作的理论,开展的研项目经费和研究水平都不高;第二,实践操作形式多但实证研究不严格。国内开展了形式丰富的家校合作实践研究,但大多是描述性的,很少做相关研究和实验研究,这样很多结果都不能得出科学的结论,而且这种缺少实证支持的研究往往比较低级和零散,各学校之间的雷同现象比较普遍,具有中国特色的家校合作模式缺少应有的科学性和影响力。针对这样的问题,如何发挥学校的自主性和能动性,在家校合作共育领域开展个性化的设计、思考和探索,生成具有中国本土特色的有效的家校合作路径,已经成为基础教育改革过程中一个极为重要的命题和任务。

第二节　家校共育的学校可能性

少年儿童的个性、习惯、行为和追求无不反映出家庭教育的影子,作为精神文明建设的重要组成部分,家庭教育是学校教育和社会教育的基础,是教育成功的基础。为全面贯彻落实《教育部关于加强家庭教育工作的指导意见》《上海市教委等关于进一步加强家庭教育工作的实施意见》和《浦东新区教育局关于进一步加强家庭教育工作的实施意见》等文件精神,促进少年儿童身心全面、和谐、健康发展,御桥小学树立家校整体教育的思想,积极构建家庭教育工作服务平台,不断探索和完善工作机制,在家庭教育指导方面作了有益的尝试,让每一个学生家长真正成为学校教育的合伙人,不仅提高了家庭教育的水平,而且形成了家校共育的良好工作机制和育人氛围。

一、统筹规划,有效保障

(一)制度保障,凸显家庭教育的重要地位

学校认真贯彻落实教育部、市区关于家庭教育工作的文件精神,将家庭教育摆在学校工作的重要位置,在学校章程中明确表明:"学校教育要同家庭教育、社会教育相结合";"班主任要同学生家长密切联系……"。在学校四年发展规划中表明:"市"十二五"家庭教育示范基地……";"强调合作,教育要形成合力,实现学校、家庭、社会三位一体的育人格局,在合作中创造孩子幸福成长的时空";"创建全员育人格局:以家长学校建设为主阵地,建立学校、家庭、社会三结合的教育体系。梳理现有的家校沟通机制,发挥三级家委会的作用,继续开展家长督导活动。充分利用'御之信'学校微信平台,开发学生礼仪微课程,挖掘家长资源,开发家长微讲座,不断提高学校、家庭、社区的教育合力,促进学校教育、家庭教育和社区教育的同步发展。"

学校从长期发展战略布局的高度,对家庭教育工作进行了认真细致的规划,为充分发挥学校在家庭教育中的重要作用提供了制度保障,凸显出了家庭教育的重要地位。与此相呼应,学校在每学期的工作计划中都将家庭教育作为重点工作,以 2017

学年度第二学期为例:"为了学生的健康成长,认真开展家校合作,以积极的态度扎实做好浦东新区家庭教育示范校创评工作……使家校沟通渠道更畅通,学校与家庭教育更有时效性、针对性、目标要求更一致。同时明确要求:每位班主任每学期至少与班级每位学生谈心 2 次,建立良好的师生关系,并做好记录(班主任工作手册);组织召开全校家长会;组织开展家长督导工作;深度运用微信公众平台、视频制作等方法,进一步展示信息化的特色。为家长与教师的联系提供更便捷的平台,建立良好的家校合作氛围。"并督促相关部门如德育活动处、教学教务处等细化落实,关注家庭教育工作的推进过程,注重成效。

(二)机制保障,确保家庭教育工作的有效落实

1.打造三支队伍

其一,建设家校共育工作领导小组。作为专业的教育部门,学校无疑是家庭教育指导的主阵地。为更好地发挥指导引领作用,学校成立了校长牵头,学校、家长、社区三方共同参与的家庭教育领导小组。领导小组每学期进行定期的两次会议:开学初总体规划家庭教育工作,期末进行总结和反思。

其二,建设家校共育工作骨干团队。家庭教育工作需要一支强有力的骨干力量来推进。校长、德育活动处主任、科研主任、大队辅导员、高青校区德育和少先队负责人、两校区 9 位年级组长及部分骨干班主任组成了我校的家庭教育骨干团队,团队成员分工协作,各司其职,确保学校家庭教育工作有条不紊地开展。

其三,形成家校共育工作核心团队。学校有一支肯钻研,乐奉献的班主任队伍,其中全国百佳班主任 1 名,上海市金爱心班主任 2 名,浦东新区优秀班主任 3 名,浦东新区德育骨干 2 名,近年来在市区各级刊物上发表论文或经验总结 20 多篇。全体

班主任、心理辅导教师及兼职指导者(部分优秀的学生家长)组成了我校的家庭教育指导工作核心团队,每学期针对不同年级、不同层次的家长开展主题式的教育指导,认真落实学校的家庭教育指导工作。

2. 整合三方资源

少年儿童是祖国的未来、民族的希望,他们的健康成长,不仅是家庭最大的关注,更是我国社会主义事业兴旺发达、后继有人的保障。当今社会存在家庭、学校、社会三种教育形态,各有特点和优势。但是,家庭教育、学校教育和社会教育均对少年儿童的成长具有不可推卸的责任。因此,学校必须充分挖掘校内资源,并整合家庭、社区资源,促进"家—校—社"家庭教育协调共建。

首先,加强联系。要联合各类教育合作伙伴,必须营造一种共同参与教育的整体氛围。基于这样的认识,学校加强与家庭、社区的联系,营造教育的浓厚氛围,让社区、各家庭自觉参与到活动中,树立"家—校—社"共育意识。在学校层面,我们每学期召开家长会、参与校级家委会会议、利用微信平台、邀请家长志愿者等加强与家长的联系与沟通,让学校教育资源与家庭教育资源互补,促进孩子成长;学校每年与周边社区居委、幼儿园等签订共建协议,做到资源共享,互惠双赢。在班级层面,班主任通过班级家委会、班级微信群、家访等形式与家长进行交流和联系,经常性地指导家长开展家庭教育,同时也挖掘家长的特长、工作经验等家庭资源。

其次,丰富活动。学校在丰富的教育实践活动中充分发挥"家—校—社"三方资源的作用,指导和促进家庭教育。学校每年派出骨干教师到贝贝星幼儿园、东昌幼儿园等为大班家长进行专题讲座,指导家长对孩子进行正确的入学教育;每年举办多次开放活动,分批邀请周边幼儿园的孩子及家长入校参观,初步了解小学教育与幼儿园教育的不同;不定期开展家庭教育进社区活动,团员教师带领少先队员到社区发放学习宣传资料,提高社区居民树立家教意识;社区举办重阳敬老活动、元宵节活动、中秋节活动时,少先队员们走进社区,为居民们表演节目、送去祝福,在活动中践行中华传统美德;寒暑假,学生到居委报到,和父母一起走进社区参加家庭运动会、爱心义卖、志愿活动等,践行核心价值观,促进家庭美德建设;各班家委会根据实际情况举办家长沙龙,家长交流家庭教育的心得和经验;各班邀请有特长的家长志愿者来校参与我校特色探究课的辅导,使家长成为校本课程的积极建设者,现已开发了校本课程《浦东风情》和《生命魔方》。

最后,资源共建共享。学校、社区、家庭开展教育资源共建共享,学校向社区开放文化体育活动场所,乡村少年宫、家长学校、操场等,与社区居委会共同使用,开展有组织未成年人活动。社区将社区活动室、图书室开放给学生和家庭开展相关活动,社区提供所辖地区内的单位资源,联系相关单位,如派出所、消防队、医院、敬老院、商场等各类单位开展共建共享,如在"119"消防安全宣传日,消防中队将消防车开进校园,为学生理解消防、学习安全知识创造了极好的条件。有一定资源的家长也主动贡献资源,如有家长来学校开专题讲座,开展生命教育、金融知识、科学实验的相关讲座,得到学生的普遍欢迎。

3. 落实三项举措

其一,落实校本培训,提升教师家庭教育指导水平。校本培训是教师专业发展中的一个方面,校本培训是"以学校为本"的。这种"以学校为本"的含义在于:以学校中的教师为对象而开展培训;学校组织培训的实施包括内容的选择、时间的安排与方式的确定等；培训的目标是解决本校教师专业发展中存在的问题，促进学校的发展^在实践的过程中，我们把校本培训与教师家庭教育指导能力的提升有机结合，为切实提高核心团队的家教指导水平和技能，学校每学期组织两次家庭教育指导者的培训，如邀请专家开展主题讲座《怎样处理意外伤害事故》《家庭教育手册填写》《班级家长微信群的管理》等；邀请骨干教师与青年班主任们进行面对面的交流，加强学习和教研。学校德育教导积极参加市级、区级相关培训，并及时将精神带回学校，传达到每一位班主任。学校利用教师大会、学校"御小一家人"微信群等针对全体教师开展家庭教育指导方法的校本培训，让不同学科的老师在与家长沟通时，能为其提供科学的家庭教育方法，提高家教实效。

其二，落实工作量计算，保护教师家庭教育指导的积极性。学校发展的生命力来自教师对教育事业的忠诚及其对本职工作的热忱，如何对教师进行有效激励，既是学校管理的重点，又是管理的难点^学校将家长会、家长学校、家访等家庭教育指导工作计入教师的工作量，并纳入年度考核，给予相应的激励，以保护教师进行家庭教育指导的积极性。

其三，落实经费保障，确保家庭教育指导的顺利开展。为确保家庭教育指导的顺利开展，学校有专门经费，充分保障家庭教育活动、家庭教育指导、家庭教育教师培训等活动的正常开支，做到专款专用，列支清晰，并逐年增加经费的投入。

二、家校合作，共促成长

（一）完善家委会建设

1. 程序规范，架构合理

我校长期坚持规范的家委会建设，建立了校级、年级、班级三级家委会网络。每学年初,各班通过家长民主推选,产生班级家委会委员;随后,各班级家委会民主推荐一名年级家委会委员;校级家委会委员则由年级家委会代表选举产生。家委会架构合理,考虑到各年级的均衡性,校级家委会委员一般为每年级三名,部分年级班级数较少,则相应减少一名。每级家委会设主任 1 名,副主任 2 名。家委会委员、主任委员每届任期一年,可连选连任。

2. 权责相当,充分履职

我校家委会制度规定,家委会有参与学校管理、监督学校发展的权利,是学校教育监督的补充;是学生家长和学校之间意见交换的桥梁;是学生以及家长利益的保障机构。当然,有权必有责,家委会应积极为家长和学生服务,为学校发展建言献策和提供帮助,定期组织相关会议和沟通交流活动等。我校家委会在家庭教育指导方面发挥出积极作用:为家长提供家庭教育指导服务,形式包括讲座、亲子活动、家长沙龙、志愿服务等;充分发挥自我教育优势,向广大家长宣传正确的教育理念和科学的教育方法;大力支持学校开展各类主题活动、社会实践活动,配合学校对学生进行行为规范、法制安全、心理健康教育等;充分挖掘自身资源,为学生开展校外活动提供教育资源和志愿服务等。

3. 有力保障,有效监督

学校为家委会的建立、维持和有效履职提供有力保障,设有"御桥小学家委会办公室"作为家委会委员办公场所,办公设施齐。各级家委会根据工作实际情况分组,如常规事务组、活动策划组等。家委会委员认真履行职责,不仅积极参与学校教育教学活动,也对学校教育教学和管理工作予以监督,提出意见、建议,帮助学校改进教育教学活动。家委会定期向家长通报学校近期的重要工作等,同时也向学校反映家长的意愿,使家校沟通更流畅,促进双方合作。

(二)组织家长学校

我校成立家长学校,组织开展形式多样的家庭教育实践活动,宣传普及科学的家庭教育理念、知识和方法。全体班主任组作为家庭教育者,组成了强有力的师资队伍。

教学方面,学期初制定了四个层次的教学计划,多形式培训、辅导和交流,教学计划在全体家长范围内进行公示。内容包括:校外专家专题讲座、校内骨干教师专业辅导、家长代表交流、家长沙龙等。有相应培训教材,包含"快乐学习""幸福生活""健康成长"三大板块、15个专题。相应开展了多层次、多场次活动,每学期一次以上校外专家专题讲座、4次以上校内骨干教师专业辅导、若干次家长代表交流、家长沙龙等。

每学期末对家长学校开展情况进行成效评估,发放《家长反馈表》,以问卷的形式对家长进行抽样调查,主要就家长对期初制定的教学计划、相关教学内容的知晓程度,专家和教师辅导讲座的理解,对家长学校教材的知悉和理解程度,家长沙龙等组织形式的满意度等进行测评,了解家长学校相关工作的成效,对成效不足的方面进行补充和改进。例如家长反映的相关活动时间可能与工作时间冲突的问题,我们尽量协调专家的时间,把家长学校安排在家长会期间,即下班后的晚间。另外,我们选录部分教师辅导的音频资料,分发给各年级班主任,家长有需要可向班主任索取,解决了部分工作较忙碌的家长的困扰,尽可能地扩大家长学校的影响面。

（三）加强家校互动

1. 让家长走进学校

我校精心策划每月定期的校园开放活动,每学期组织全体家长开家长会,根据重大纪念日和节日不定期组织家长参与教学活动和学校建设,如 2017 年我校举办了隆重的十五周年校庆活动,此次活动最大的特点之一就是家长充分参与,先后有数百名家长参与到活动的策划、组织、维持、保障、观看等过程中,家长贡献金点子,帮助组织学生排练节目,组成家长秩序维护队、家长化妆保障组、家长后勤保障组等,协助学校编辑各类宣传稿件扩大活动影响等,丰富多彩的互动形式让这次活动超越传统意义的校庆,成为我校历史上家校互动的成功典范。

2. 让老师走进家庭

我校从学校层面和班主任层面组织普遍指导和个性化指导,通过完善家访制度,要求班主任在每学期开学前进行家访,新接班班主任 100% 全覆盖,非新接班班主任须覆盖 85% 的学生。班主任家访时要做到不走形式,实实在在地了解学生家庭生活状况、父母或看护人情况和学生心理状态,并就个性化需求提供针对性指导,最后要形成书面记录。

3. 让沟通更加便捷

我校充分运用现代信息技术和微信等新媒体,建立家校互动、信息沟通服务平台。以学校网站为信息发布载体,以微信为信息交互的平台,以区教育局关于加强学校班级微信群管理的通知为基础,规范有效地进行互动。将家庭教育指导相关内容及时发送到学校平台,并定期更新。微信平台和传统的校长信箱、网站信箱、监督电话一起组成了家长反馈和诉求的渠道,学校采取首问负责制处理家长诉求,要求责任部门一问到底,处理完毕后及时给家长答复。

4. 让教育实现共治

现代教育发展强调"治理"的概念,教育治理价值目标的实现,教育治理能力的提升,善治的达成,这些均有赖于教育治理体系的建构与完善。推进教育治理,关键是完善教育治理体系,而实现"共治"是推动"善治"的基础、我校发挥学校与社区的紧密纽带优势,参与社区组织的家庭教育指导工作,从专业角度给社区以支持。例如,我校在寒暑假以社区活动室为载体,安排了"我最棒——走进社会大课堂""我运动——阳光体育健身""我感恩——孝亲敬老行动""我过年——民俗文化体验""我阅读——书香文化浸润行动"等活动,让学生家庭走进社区,助力社区道德文化建设,提升家庭教育水平。

三、服务承诺,成效显著

学校积极开展家庭教育研究,服务家长,服务社会。从2010 年起通过营造"管理就是服务""教育就是服务"的氛围,有序开展"教育服务承诺"实践活动。学校每学期分三个层面进行教育服务承诺:首先张莉校长就依法办学、以德治教、规范收费等项目向家长做出庄严承诺,并公示于校外橱窗,接受社会的监督,力求用真诚的服务赢得学生家长、社会的满意。接着学校教职员工根据自己的岗位特点、学科特征制定个性化的服务承诺书;然后班主任老师协调整合自己班级各科任老师的承诺,制定班级服务承诺书,从德育管理、教学质量、课程文化、学生活动等方面向家长公示,并张贴于教室外公示板内,接受家长全过程的监督。

教育服务承诺实施以来,深刻地改变了学生,改变了教师,改变了课堂教学,也改变了家长对于学校的认知和态度。

　　以下是我校教师在开展教育服务承诺以后的感触"留言"：

　　对待朋友，一个"诚"字相当重要，以诚相待才能处到真正的朋友。对待学生亦是如此。作为班主任，我们在班里的一言一行都要做到一个"诚"字，用学生的话说就是"老师说话算话"。试想，一位言行不一的老师在学生的心目中何谈威信呢？那势必给我们的班主任工作带来极大的不便。曾记得在一次班会课上，我对同学们承诺说，只要同学们在这次的小测验前认真复习，无论成绩好坏，我都将为大家表演魔术。听到"老师表演节目"，孩子们一个个欢欣雀跃，积极投入到复习中去。测验结束后，感觉还不错，但由于工作较忙，我还没有来得及兑现，终有一天，一位学生对我说："顾老师，你说话不算话。"这时我才忽然忆起自己的过失。我差点忘了，他们可记得很清！于是，回家后我连忙找出 VCD 片子，学了一个魔术节目，第二天晨会课上就为大家表演。课后，一群孩子围着我说："老师，我们早就等着看你的魔术表演了。"看，多危险，我差点失去一群朋友！

　　下面是我校一年级某学生家长对我校开展"教育服务承诺"的体会：

　　9 月，在召开新学期的第一次家长会上，教师们向我们全体家长做出庄严承诺"教育就是服务"，他们将班级的承诺书张贴在教室外的公示栏中，让我们家长清晰了解教育服务承诺的内容，学校还邀请我们家长做好监督工作。这是一张充满责任心和慈爱心的班级教育服务承诺书，让我们家长看了既高兴又放心，但也产生担忧：老师们都能做到吗？实践证明，我们家长的担心是多余的，老师们正以自己的实际行动时时刻刻关心、呵护着我们的孩子：因为班中有部分学生家长忙着做生意，每天总是早早地把孩子送到学校，为了学生的安全，老师们毫无怨言地提早到学校加强班级的管理……

2011 年开始,学校开展的"教育服务"活动有的新的内容,我们在全校家长中开展了家庭教育指导的需求调研,从中整理出家长关注度高的教育热点和难点,为家长开设"校课程、班课程、微课程"三层课程培训,每学年有计划、有系统、有内容的帮助家长提高科学育儿的能力和方法。

"校课程"针对不同年级,主要通过讲座方式进行,包括五个主题,每个主题 2 课时(参见表 6 - 1):

表 6 - 1   御桥小学家庭教育"校课程"

校课程(培训方式:讲座)	培训对象
开学第一课:习惯从小起步	一年级家长
把握关键期:潜能开发	二年级家长
亲子关系:积极倾听与有效沟通	三年级家长
赏识教育:爱孩子要从"心"改变	四年级家长
小升初备考:家庭教育指导	五年级家长

"班课程"以班级为单位为家长们开设课程培训,形式一般为讲座、沙龙、恳谈会等,采用我校的家庭教育指导校本教材《家庭教育的 A&Q——御桥小学家庭教育指导手册》。《手册》分为"快乐学习篇"、"幸福生活篇"、"健康成长篇"三个篇章,包含十五个主题,三十个家长关心的问题的解答(参见表 6 - 2):

表 6 - 2   御桥小学家庭教育"班课程"

班课程(培训方式:讲座、沙龙、恳谈会)教材:《家庭教育的 A&Q 御桥小学家庭教育指导手册》	
第一篇章快乐学习篇	培训对象

专题 1. 帮助孩子迈好入学第一步	孩子马上要读小学了,家长要做哪些准备呢?	一年级家长
	孩子不愿意上学,总是哭闹,怎么办?	
专题 2. 营造良好的家庭学习环境	在家中为孩子布置学习区域要注意些什么?	二年级家长
	如何创设良好的家庭学习环境?	
专题 3. 帮助孩子养成良好的学习习惯	小学阶段的孩子应培养哪些基本的学习习惯?	三年级家长
	帮助孩子养成良好的学习习惯,家长应该怎样做?	
专题 4. 帮助孩子掌握正确的学习方法	孩子做作业时遇到问题,家长该不该帮忙?	四年级家长
	孩子的作业谁来检查?	
	如何让孩子爱上阅读?	
专题 5. 努力激发和维持孩子的学习与活动兴趣	怎样培养孩子的兴趣爱好?	五年级家长
	孩子对学习的兴趣日趋减弱,怎么办?	
专题 6. 继续关心孩子良好生活习惯的养成	孩子晚上不肯睡觉,造成早晨赖床,如何应对?	一年级家长
	孩子应专注学习,家务劳动是父母的事,这种说法对吗?	
专题 7. 让孩子学会关心	怎样让孩子学会关心体谅父母?	二年级家长
	为什么说孩子的善良比聪明更重要?	
专题 8. 亲子共守诚信	发现孩子撒谎,家长该如何处理?	三年级家长
	如何培养孩子诚信的好品质?	

第二篇章幸福生活篇		培训对象
专题9. 培养孩子的责任心	孩子也需要有家庭责任感吗？	四年级家长
	如何培养孩子的社会责任心？	
专题10. 在社会实践中扩大眼界、增长阅历	开展社会实践活动对青少年的成长有何作用？	五年级家长
	适合小学阶段孩子的社会实践活动有哪些？	
第三篇章健康成长篇		培训对象
专题11. 家长要做孩子快乐的玩伴	孩子爱玩耍是"长不大"的表现吗？	一年级家长
	与孩子玩耍有损家长的"威严"吗？	
专题12. 积极预防常见疾病	孩子越来越胖，家长该怎么做？	二年级家长
	如何预防孩子近视？	
专题13. 积极开展家庭体育锻炼	家长应如何指导孩子开展体育锻炼？	三年级家长
	青少年儿童体育锻炼注意事项有哪些？	
专题14. 关注孩子青春前期的变化	孩子青春前期的特征，家长应关注哪些方面？	四年级家长
	进入青春前期的孩子该如何去教育？	
专题15. 加强生命教育、关注生命安全	如何对孩子进行生命教育？	五年级家长
	如何培养孩子基本的自我保护的意识和技能？	

"微课程"则通过学校微信平台"御之信"，每月定期为家长推送家庭教育相关的文章，并通过学生精品课程，让家长指导孩子完成21个好习惯的养成。

"教育服务承诺"惠及全体家长、家庭，延伸至社区，家长对学校提供的教育指导服务的满意度高，也让家长见证着学校的快速发展：《小学实施教育服务承诺的实践与研究》获得新区教育科研成果三等奖，《携手家委会，参与学校管理，建构现代学校管理模式》等多篇文章刊登，《签署"安全教育合同书"，打造"新上海人家庭"幸福墙》家庭教育方案荣获市一等奖，学校连续两次评为"上海市家庭教育基地评"、新区"优秀家长学校"。上海电视台、上海教育、文汇报等多家媒体报刊对"家门口的好学校——御桥小学"进行宣传报导，学校声誉日渐高涨。

四、家长督导，形成特色

自 1983 年恢复教育督导工作以来，我国教育督导制度建设成效十分显著。特别是 2012 年 9 月国务院正式颁布《教育督导条例》后，教育督导事业逐步走向法制化轨道，从而带来了教育管理模式的深刻变化。按照我国现行的教育督导体制，学校教育督导的内容包括：学校实施素质教育的情况，教育教学水平、教育教学管理等教育教学工作情况；校长队伍建设情况，教师资格、职务、聘任等管理制度建设和执行情况，招生、学籍等管理情况和教育质量，学校的安全、卫生制度建设和执行情况，校舍的安全情况，教学和生活设施、设备的配备和使用等教育条件的保障情况，教育投入的管理和使用情况；义务教育普及水平和均衡发展情况，各级各类教育的规划布局、协调发展等情况；法律、法规、规章和国家教育政策规定的其他事项。为有效开展教育督导工作，国家和各地教育督导机构均建立了督导团或教育督导队伍，由专职督学和兼职督学组成，但是在御桥小学看来，对于学校教育的督导，不仅是专业督导机构的职责与权力，也同样应该成为每一个家长的职责与权力，让家长参与学校教育的督导，不仅能够有效培育家长的教育合伙人意识,而且能够加深家长对于学校变革的理解与支持。

作为创建于 2002 年的一所农村学校,当时外来随迁子女达到 55% 以上,学校开展现代学校自主创新和"合作探究"文化建设,实现了学校稳步发展。2009 年学校整体搬入御山路万科社区,要想在社区中赢得声誉,必须打开校门办学校。同时,在校生家长受教育的层次明显提高,特别是 2012 年开始,拥有大专及以上学历的家长占 80% 以上,他们参与公共事务的愿望明显增强,对学校的需求也在提高,传统的家校互动已满足不了他们,家校合作需要新的形式推动。于是,在 2012 学年,学校通过"让学校回归社会",引入"顾客意识"和"公众监督",开展"家长督导"活动,把"是否满足家长对优质教育需求"作为学校自主发展的评价之一,将家校合作推进到新阶段,试图通过家校文化助推学校发展,益于学生成长。在"管理就是服务""教育就是服务"的思想理念指引下,寻求学校教育、家庭教育、社区教育的开放互动、和谐发展,学校也正逐渐走向社会满意、家长放心、学生开心的现代化小学。"家长督导",成为学校家校合作新的增长点,也成为家校文化深化的契入点。

(一)建章立制:"家长督导"制度"规范化"

多年来,学校携手家长督导员,寻求学校教育、家庭教育、社区教育的开放互动、和谐发展,充分发挥家长督导员的功能,使其成为家长利益的"代言人"、学校发展的"助推者"、家校沟通的"新干线",逐步建构由垂直型的管理模式走向开放型的现代学校管理模式。

学校"家长督导"制度的建立经历了实践——认识——再实践——再认识的实践过程,通过总结,初步制定了《御桥小学家长督导制度》。此项制度在实践运作过程中，发现了一些不够完满的地方，如学校和家长间有些事情是突发的，如果采用正式的家长督导去解决问题，显然是滞后的，有些还是不现实的，采取变通的方式也许更加有助于事情的解决。为此，学校对家长督导制度作了修改、完善，逐步形成了《家长督导制度》和《家长督导员的权利和义务》。

"家长督导"制度，作了具体规定：督导制度的核心：督导活动，分为正式督导和非正式督导两种。每学期正式督导开展两次，每单月最后一周的一天；非正式督导视具体情况而定。正式督导的内容：和学校领导交流一次，推门听课一节，和师生谈话一次，检查午餐质量一次，检查学生礼仪一次，给学校提出建议一条。家长督导员的产生：学校家委会中成为一个督导部，在家长家委会委员中选举出家长督导员。

同时，家长督导员权利和义务规定：家长督导员对学校工作享有知情权，批评权，还有监督权、参与权、共管权和还有义务督促学校校务公开。家长督导员有义务广泛征求各位家长的意见和建议，为学校工作出谋划策。家长督导员有权了解学校重点工作（如招生、学生评优）的相关政策，有义务向家长宣传。学校每学期两次向家长督导员汇报工作，并广泛征求家长督导员的意见和建议。

（二）强化功能："家长督导"运行"职责化"

家长督导员工作的运行机制，主要是通过办实事来启动的，以办实事来带动家长督导员的各项工作的开展，通过实践，形成了较为完善的运行机制，主要反映在沟通——协调——谋划——督促——反馈几个环节。

沟通为先。要参与学校管理，就必须了解学校的校情，了解学校的优势及困难。学校及时让家长了解学校工作的计划,工作的重点和难点。家长督导员也及时把他们的意见、建议和工作打算向学校反映,进行双向沟通。

协调为重。家长督导员成为学校、教师与家长之间的一座桥梁。家长的有些意见不便直接向学校反映,可通过家长督导员向校方提出。学校面临的困难和对一些问题的处理也可由家长督导员向家长做协调工作,增进相互理解和信任。

谋划为上。家长督导员的谋划,是在沟通、协调的基础上,群策群力,想办法,出主意。一旦形成方案,就分头去落实。如一年级的亲子运动会,家长督导员可以通过推荐和自荐方式,担任运动会的裁判、工作人员等,这样的活动受到师生的欢迎。

督促为助。让家长督导员通过听取学校领导的工作汇报以及听课评课和师生交谈等活动,了解学校的工作,督促学校积极贯彻党的教育方针。

反馈为实。家长督导员经常不断地把家长意见反馈给学校,使他们参与学校工作的管理,同时他们将从学校督导到的信息通过各种渠道反馈到广大见家长,有利于学校和家长之间的沟通和信息互动,更好地解决服务提供和需求之间的对接。

家长督导制的建立和运行,为构建"学校——家庭"互动机制促进和谐社会的发展开辟了广阔的平台,赋予家长更多的知情权、监督权、参与权和评价权。

(三)实践探索:"家长督导"履职的"常态化"

学校认为,让孩子的监护人参与学校的管理,既可以提高家校在教育上的合作性,又能使学校在良性的轨道上发展得更快,更符合学生发展的实际需求,"家长督导制"直接受益的就是学生。以下是2012年学校开展的学校家长督导活动的案例:

家长正式督导"有备而来"

2012 年 9 月新一届 300 多名新生到校学习,这些孩子的家长对学校的办学理念、办学质量都不是很了解,学校的网站由于校舍的搬迁也正在重新建设中,无法对外开放,为了了解学校的办学质量,拉近学校和家长之间的距离,受全体家长的委托,家长督导员的选举,7 位家长督导员挂牌上岗,在 9 月 24 日对学校进行正式督导。

上午督导活动开始,张莉校长热情接待了七位家长督导员,张校长首先向家长督导员阐述了现代学校的办学必须是合作、开放、平等的,同时和大家沟通了家长督导员的职责与义务,为办好家长满意学校共同努力。接着张校长分别从师资变化、生源变化、办学质量等向家长督导员们介绍了学校近来年的发展,使家长督导员对学校的未来办学目标有进一步的了解,然后张校长又向家长督导员介绍了学校申报区级内涵项目"基于生命教育的小学合作探究型课程的构建与实施",希望他们率先成为志愿者,配合班主任参与到学校的课程开发中。听完张校长的介绍后,家长督导员热情高涨,纷纷表示愿意和老师们一起走进小课题的探究中,为孩子的成长共同努力。然后陈书记介绍了学校师德建设的情况,同时邀请家长参与学校"教师服务承诺"达成度的测评。在和学校领导交流好之后,家长督导员随机走进教室听课,听完课后他们又走进学校食堂,查看食堂的卫生状况并和全校师生共进一次午餐,品味和检查食堂饭菜的色香味,最后家长作为督导员,来到各个班级抽查学生的午餐礼仪并和学生家长进行交谈。

家长非正式督导"及时应对"。2013 年开学前夕,上海突发"校服事件",上海市质监局在官网发布信息称对上海市生产和销售的学生服产品质量进行专项监督抽查,共抽查学生服产品22 批次。经检验,6 批次不合格。一石激起千层浪,引发了家长对学生校服的质疑,于是家长督导员和学校取得联系,要求对学生校服进行非正式督导。

学校积极响应家长督导员的要求,2 月 18 日下午开始非正式督导,学校领导热情地接待了家长,并将制作学校校服厂家的名称、资质以及校服检验的连续三次合格批次都印发给家长督导员,同时向家长解释了学生校服款式的选择和制作厂商的选择过程,家长督导员们对学校的工作表示肯定,并提出希望学校将这些信息通过各种渠道向全体家长做好解释工作,他们也将督导到的信息向广大家长反馈,消除大家的疑虑,希望家校配合,为学生提供更细致的服务。

经过多年的探索和实践,我们认为,家长督导制度的确立与实施,至少在三个方面体现了其独特的价值:

其一,增强了家长的责任意识,使家长由客体变为主体,重视家庭教育。家长督导员通过参与学校教育管理,充分发挥各自的特长,从不同侧面为学校献计献策作出贡献,从中能看到自身价值的存在,由此产生一种光荣感、自豪感和使命感,进一步提高他们教育孩子的责任意识。在积极督导学校工作中,让家长亲眼目睹教师不计时间、不计报酬地辛勤劳动,精心培育自己的孩子,由此产生感激之情,激发起家长督导员的回报之情,从而更加重视家庭教育,产生通过家校合作促进孩子不断发展的强烈欲望与热情。

其二,提升了家长的教育能力,吸收教育知识,更新教育理念。学校通过家长督导活动,有意识地向家长灌输科学的教育理念和正确的教育方法,家长督导员在督导活动中不断吸收和学习,并通过结果反馈,宣传给全体家长,包括分享心得、组织开展讨论、经验交流等,为更多的家庭普及了科学的家庭教育理念和方法,帮助家长们提升家庭教育能力。

其三,促进了学校、家长间的沟通合作,实现家校共育,利于学生发展。"家长督导制度"的建立及其运行,促进了学校、家长间深入的沟通与合作。制度为学校、家长双方提供了面对面交流和沟通的平台,提高了学校民主决策、民主管理和民主监督的质量,提升学校办学质量,为学生的发展提供更好的服务。老师、家长为了共同的教育目标,家校合作对孩子开展教育,助力学生更好更快地成长。

【本章启示】
让每一个家长都成为学校教育的合伙人

无论从现代教育的开放理念,还是学校制度的内涵发展,无论从家长的认同协调,还是从学校的外部支持,都说明这一点:在现代学校制度建设中,家校合作不是"花瓶",而是"能源"。

学校推行"家长督导"活动,是家校合作的创新,也是家校文化的深化。"家长督导"制度的建立及其运行,培育了学校、家长间的协商民主,促进了学校、家长自治的深入发展;为学校、家长双方提供了面对面的协商沟通机制,提供了交流和沟通的平台,提高了学校民主决策、民主管理和民主监督的质量,促进了现代学校制度的建设,学校民主协商政治的发展;增进了家长的信任,使家长由客体变为主体,由被动变为主动,通过参与管理,充分发挥各自的特长,从不同侧面为学校献计献策作出贡献,从中能看到自身价值的存在。

结语 在学校变革与发展中成就校长价值

当代中国的学校变革,是一项长期、艰巨的工作,需要系统内外、多维力量的综合互动。其中,校长是否能够实现思维方式的更新,是否能在复杂的学校管理改革实践中提升自身的思维品质,是一个非常重要的问题。

思维方式是个体在具体认识世界、认识自我以及行为处事中,决定着个体思维的方向、路径的内在制约性,它是个体内在精神世界的核心构成之一。在不同的思维方式指导下,个体所形成的对个体与外部世界及其相互关系的认识,会有相当大的差异。在学校变革实践中,有的校长会认同当前学校变革的价值与可能,而有的校长则根本不认同学校变革的必要性与可能性;有的校长会清晰认识自己在学校变革中的地位、优势与不足,而有的校长可能毫无意识。这一系列的观念事实上内在于校长的行为之中,而产生这些认识差异的原因之一,就在于思维方式的差异。

作为一名学校管理者,多年的校长工作经历让我深刻认识到,学校变革是校长实现自我发展和自我价值的有效平台,一个真正有理想、有担当、有抱负的校长,必然应该培养适应于教育改革与发展的思维与行为方式,在学校变革与发展的实践中成就自身的价值。这种思维与行为方式,体现在校长要主动发现学校变革存在的问题,主动寻找学校变革可能的空间,主动设计和思考适宜于学校变革的可行性路径,以一种主动建构的意识和积极向上的品格,迎接教育变革与发展的挑战。在御桥小学工作的这些年,我和我的团队、我的老师们、我的学生们一起,见证了这所学校由弱变强的华丽转身,这种转身的背后是我们每一个人的艰辛付出。这本书中所论述的学校管理、课程建设、教学改革、教师发展、学校文化建设、家校合作等,都是这场变革的真实体现。回顾这一历程,我能够感受到的最直接的体会就是"事在人为",当我们能够以一种突破进取的视角去看待教育变革的时候,任何的困难都阻挡不了学校改革的决心。

作为本书的结语,笔者所要阐明的是,在一个动态、变化、充满挑战和机遇的社会中,变革已成为学校的一种生存常态。在学校变革情境中,领导者对学校组织愿景形成、学校变革决策以及学校文化塑造都具有重要的、不可替代的作用,"领导者和领导之所以重要,是因为他们是组织的精神支柱,在变革时期为组织指引方向,并对组织效能负责",这么多年正是因为这种意识以及与之伴随的信念、意志、坚持,让我们在学校发展的过程中克服了一个又一个困难,实现了一步一步的历史性突破。如今,新的时代已经来临,学校教育变革的号角催人奋进,作为御桥小学的一员,作为学校的管理者,我将和我的同事一起不忘初心,牢记使命,砥砺前行,继续用自己的奋斗为上海和中国基础教育事业的发展贡献自己的微薄之力。

总书记说过,幸福都是奋斗得来的,对于我们而言,只要认清了未来的目标和方向,我们就一定要坚持到底,矢志不渝。在一次教职工政治学习大会上,我曾经对我的同事们发表了题为《坚持是一种境界》的演讲,在此以本文作为全书的结束,也再一次表明我们立志奋斗基础教育的决心和信心：

许三多，原本是个相貌平平、有点卑微木讷、脑筋不够灵活的呆兵，到最终成为有血性、有个性、有才干的人人敬佩的军人，这就是《士兵突击》这部电视剧拍摄的主线。说实话，许三多并不是这部电视剧中我最喜欢的角色，但许三多的执著、坚强、倔强让我发自内心地感动。"好好活，做有意义的事，做有意义的事就是好好活。"一句简单的话，对于许三多来说，没有什么丰富的内涵，也没有什么高远的目标，但就是这句话，让他日夜苦干修成了一条数代前辈都没修成的路，让他进入人人向往的钢七连，从一个人见人烦的后进兵，到笨鸟先飞变成训练尖子、夺冠标兵，最终进入老 A 成为出色的特种兵。

为什么？许三多成功的秘诀到底在哪里？细细分析，是他的从不在艰苦面前低过头，是他的在孤独面前从不退缩，是他的在强者面前从不退让。他只有一根"筋"，只有一个目标——"好好活，做有意义的事"。许三多没有好高骛远，没有瞻前顾后，没有心存杂念，他不会顾及别人的看法或不屑的眼光，他就是他，他心中只有纯粹的信念——坚持"好好活"，他坚持记住班长的嘱托——"只要你进步了，班长就进步了"，他坚持支撑自己前进的力量——坚持"做有意义的事"。因为这些"坚持"，让许三多超越了极限，让许三多迸发了潜能。电视剧中的许三多，将许多不可能变为可能，他向我们诠释了世上没有做不好的事，没有做不到的事，一切贵在"坚持"，这正是钢七连几十年不变得誓言——"不抛并、不放并"。

坚持是一种境界。是坚持，才有了心中不变的信念，是坚持，才树立起积极向上、永不言败的精神，是坚持，教会人们为人处事的价值观。许三多，因为他的坚持，付出了太多太多的时间、汗水和心血，但最终让最最普通的他走向了成功。再看看身边比许三多优秀得多的人，却由于自身的犹豫与退缩、杂念与功利，错失了一次次良机。为什么？是许三多的基础比我们好？是我们没碰到真正的伯乐？不是！我们很多时候是输在了自己的抛弃和放弃，是输在了自我的急躁和偏执。有人说：性格决定人生。有人说：细节决定成败！我很是赞同！

　　看完电视剧，我不禁要问，现实生活中有许三多这样的人吗？有，可能很少。但不管有无这样的人，或许根本不存在，但电视剧给我们描绘的许三多，他身上充盈的这种朴实、倔强、坚韧是值得我们好好学习、好好反思的。生活中，我们绝大多数的人都是一个普通人，大量的时间，都在做一些具体的、简单的、琐碎的小事，也许看来很平淡，也许没有创意，但这就是生活，这正是成就事业的基础。如果我们能把自己所从事岗位上的每一件事都做成功、做到位，不心高气傲，不眼高手低，不心浮气躁，每天都抱着"做好每件小事，做好每件平凡事"的信念，每刻都坚持"不抛弃、不放弃"的信念，我想，我们的生活、我们的工作、我们所从事的事业，就是一种不简单，就会展现无数美好的精彩。

　　让我们记住，认真做事只是把事情做对，用心做事、坚持不懈才能把事情做好。

参考文献

［1］钟启泉，崔允漷，张华.为了中华民族的复兴为了每位学生的发展——《基础教育课程改革纲要（试行）》解读［M］.上海：华东师范大学出版社，2001.

［2］叶澜，等.教师角色与教师发展新探［M］.北京：教育科学出版社，2002.

［3］朱宁波.中小学教师专业发展的理论与实践［M］.长春：吉林人民出版社，2002.

［4］何瑞珠.家庭学校与社区协作：从理念到实践［M］.香港：中文大学出版社，2002.

［5］刘次林.幸福教育论［M］.北京：人民教育出版社，2003.

［6］（日）佐藤学.静悄悄的革命［M］.李季湄，译.长春：长春出版社，2003.

［7］中华人民共和国教育部师范司.教师专业化的理论与实践［M］.北京：人民教育出版社，2003.

［8］刘捷.专业化挑战世纪的教师［M］.北京：教育科学出版社，2004.

［9］林崇德.21世纪学生发展核心素养研究［M］.北京：北京师范大学出版社，2016.

［10］叶澜.试论当代中国教育价值取向之偏差［J］.教育研究，1989(8).

［11］檀传宝.幸福教育论［J］.华东师范大学学报（教育科学版），1999(1).

［12］王长纯.教师专业化发展：对教师的重新发现［J］.教育研究，2001(11).

［13］张志越.谈教师专业发展的新理念［J］.教育理论与实践，2002(6).

［14］沙洪泽.关于"教育——为了人的幸福"的思考［J］.思想理论教育，2002(11).

［15］刘万海.教师专业发展：内涵、问题与趋势［J］.教育探索，2003(12).

［16］贺明华.影响中小学生小组合作学习的因素浅探［J］.中小学教师培

训,24(3).

[17] 陈建华.如何制定学校的发展规划——西方教育发达国家 SDP 项目及启示[J].全球教育展望,2004(4).

[18] 怀曙霞.队伍和制度建设是德育工作的关键[J].中小学教师培训,20046).

[19] 余文森.试论教学的开放性[J].教育理论与实践,2004(9).

[20] 叶文梓.论中小学校长的办学理念[J].教育研究,2007(4).

[21] 王鑫.学校价值观的意义及其形成[J].教育探索,2007(7).

[22] 黄耀红,周庆元.教师专业发展的问题反思与理念重构[J].中国教育学刊,2007(7).

[23] 成尚荣.儿童立场:教育从这儿出发[J].人民教育,2007(23).

[24] 陈晓红.浅谈班级文化的建设[J].全球教育展望,2008(1).

[25] 杨小微.当代教师要有坚定的学生立场[J].教育发展研究,2008(15).

[26] 王月芬,徐淀芳.学校课程计划与课程领导力的实现(1).教育发展研究,2009(2).

[27] 金生鈜.教育如何促进人的幸福(1).华东师范大学学报(教育科学版),2009(3).

[28] 余清臣.学校核心价值观体系及其生态[J].中国教育学刊,2009(12).

[29] 闫龙.学校发展规划制定和落实中的问题与分析[J].国家教育行政学院学报,2011(4).

[30] 黄河清,马恒懿.家校合作价值论新探[J].华东师范大学学报(教育科学版),2011(4).

[31] 林叶舒,等.学习型组织理论与教师潜能开发[J].中国成人教育,20117).

[32] 闫广军.传统讲授式教学的利弊与改进[J].中国教育技术装备,2012(12).

[33] 刘涛.教师成为研究者:急需澄清的三个问题[J].教育发展研究,2012(12).

[34] 魏志春.校长专业标准视野下的学校发展规划[J].教育发展研究,20132).

[35] 孙翠香.学校变革中的校长角色:反思与重构[J].教育科学研究,20145).

[36] 郑春夫.生成性评价及其实践理念[J].教学与管理,2014(8).

[37] 陈玉华.学生立场：教育研究与实践的出发与回归[J].中国教育学刊,217

[38] 戴锐,曹红玲."立德树人"的理论内涵与实践方略[J].思想教育研究,2017(6).

[39] 魏同玉.家校共同体共育学生全面发展[J].中国教育学刊,2017(10).

[40] 张剑.认真落实立德树人根本任务[J].教育研究,2017(11).

[41] 田慧生.深化育人方式改革落实立德树人根本任务[J].人民教育,2017(19).

[42] 张亚星.自主·合作·探究：学生学习方式的转变[J].华东师范大学学报(教育科学版),2018(1).

[43] 董祥智.学校管理创新的理念与策略[J].教育理论与实践,2002(12).

[44] 王鑫.学校价值观的意义及其形成[J].教育探索,2007(7).

[45] 刘一凡.教育思想、价值与目的[J].教育研究,1997(12).

图书在版编目(CIP)数据

为了师生生命的幸福绽放:御桥小学的教育变革之道/张莉
著.—上海:上海三联书店,2019.10
ISBN 978-7-5426-6407-5

Ⅰ.①为… Ⅱ.①张… Ⅲ.①小学教育-教育改革-经验-
浦东新区 Ⅳ.①G629.21

中国版本图书馆 CIP 数据核字(2018)第 155758 号

为了师生生命的幸福绽放
——御桥小学的教育变革之道

著　者／张　莉

责任编辑／方　舟
装帧设计／徐　徐
监　制／姚　军
责任校对／张大伟

出版发行／上海三联书店

　　(200030)中国上海市漕溪北路 331 号 A 座 6 楼
邮购电话／021-22895540
印　刷／上海肖华印务有限公司

版　次／2019 年 10 月第 1 版
印　次／2019 年 10 月第 1 次印刷
开　本／890×1240　1/32
字　数／200 千字
印　张／8.25
书　号／ISBN 978-7-5426-6407-5/G·1498
定　价／48.00 元

敬启读者,如发现本书有印装质量问题,请与印刷厂联系 021-66012351